Carrington

Sweet Low Carb

Marion Carrington wurde vor einigen Jahren Typ-1-Diabetikerin, bedingt durch eine Autoimmunerkrankung. Zunächst war das ein Schock für sie. Vor allem der Verzicht auf Süßes machte der bekennenden Naschkatze bei der Ernährungsumstellung zu schaffen. Ganz auf Süßes verzichten? Nein, da muss doch irgendwas zu machen sein, dachte sie – und machte sich ans Experimentieren. Manches davon war auf Anhieb lecker, einiges ist auch erst einmal misslungen. Doch mit der Zeit hatte sie den Dreh raus. Ihre besten Rezepte für Desserts und Süßspeisen haben es in dieses Buch geschafft – es ist bereits ihr zweites nach ihrem »Low-Carb-Backbuch« (ebenfalls erschienen im TRIAS Verlag).

Ich danke meinem Mann für seine Unterstützung bei diesem Buch und für seinen Mut, alle meine Desserts als Erster zu testen. Auch möchte ich einen großen Dank aussprechen an meine Freunde, die meine Kreationen mit Freude probiert und bewertet haben. Zu guter Letzt gilt auch meiner Diabetesärztin ein besonderer Dank.

Marion Carrington

Sweet Low Carb

Süßes genießen – fast ohne Kohlenhydrate

TRIAS

« Leckeres Joghurt-Eiskonfekt (Seite 75).

Liebe Leserinnen, liebe Leser,

wegen der vielen positiven Reaktionen auf mein Low-Carb-Backbuch habe ich mich entschlossen, dieses neue Buch zu schreiben. Für mich ist das Dessert der krönende Abschluss eines guten Essens. Obwohl ich auf Kohlenhydrate achten muss, möchte ich daher nicht auf Süßes verzichten – schon gar nicht auf ein köstliches Dessert. Deshalb habe ich diesmal das Hauptaugenmerk auf die Süßspeisen gelegt.

In diesem Buch finden Sie schnelle und leichte, aber auch etwas aufwendigere Rezepte, die Sie passend zu jedem Anlass und zu jeder Jahreszeit auswählen und variieren können. Es ist mir gelungen, die Kohlenhydrate und den Energiegehalt in meinen Rezepten so weit zu reduzieren, dass Sie die Nachspeise endlich wieder ohne schlechtes Gewissen genießen können.

Dieses Buch ist für alle geeignet: für Diabetiker, Zöliakie-Erkrankte, Allergiker und Low-Carb-Freunde.

Ich danke bei dieser Gelegenheit all den lieben Menschen, die es durch den Kauf des Low-Carb-Backbuches möglich gemacht haben, das Buch zu veröffentlichen, das Sie nun in Händen haben.

Viel Spaß beim Lesen und Genießen!
Hildesheim im Herbst 2015
Marion Carrington

Desserts – aber bitte kohlenhydratarm!

Doch wie soll das gehen, Süßes low carb? Hier verrate ich Ihnen meine Küchengeheimnisse …

Kohlenhydratarme Süßspeisen – wie geht das?

Ein Geheimnis kohlenhydratarmer Desserts und Süßspeisen sind die Zutaten. Hier ein paar spezielle Zutaten, mit denen ich sehr gute Erfahrungen gemacht habe.

Alle von mir verwendeten Zutaten sind natürliche Produkte – also nichts aus der Tüte. Daraus lässt sich eine Vielzahl außerordentlich schmackhafter klassischer und neuer Desserts zaubern: Mousse au Chocolat, Zitronencreme, Parfaits, Eis, Crêpes, Sorbets, Schichtdesserts und noch vieles mehr. Manche Desserts kommen erst in den Backofen, bevor sie dann kalt oder lauwarm gegessen werden, andere kommen direkt aus der Kälte. Außerdem finden Sie ein paar Rezepte für die Herstellung von Marmeladen und Gelees, die nicht nur Ihr Frühstück versüßen werden, sondern auch das geschmackliche i-Tüpfelchen bei einigen Desserts sind.

Es gibt unendlich viele Möglichkeiten, Desserts figurfreundlich zu gestalten. Die meisten Früchte haben glücklicherweise niedrige Kohlenhydratgehalte und sind deshalb nicht nur akzeptabel, sondern sogar gut – und natürlich lecker.

Alle meine Rezepte kommen ohne Haushaltszucker, Fertigprodukte, Stärke und die üblicherweise verwendeten Mehle aus. Stattdessen verwende ich zum Süßen Erythritol-Puderzucker und Xylit-Zucker sowie zum Andicken bzw. Gelieren Agar-Agar. Jedes Rezept enthält Nährwertangaben zu Kilokalorien, Kohlenhydraten, Broteinheiten (BE), Fett und Eiweiß.

Kleine Zutatenkunde

Als Grundzutaten verwende ich in meinen Rezepten Xylit-Zucker, Erythritol-Puderzucker, Agar-Agar, Sojaprodukte, Eier sowie Bitterschokolade und Johannisbrotkernmehl. Hier finden Sie Informationen und Tipps zu den einzelnen Produkten und deren Anwendung. Einige Zutaten – wie Obst – enthalten Fruchtzucker.

Xylit-Zucker

Er wird auch Xylitol oder Birkenzucker genannt und ist ein natürlich hergestellter Zuckeraustauschstoff. Xylit sieht aus wie üblicher Haushaltszucker, hat eine ähnliche kristalline Struktur und süßt auch in etwa wie normaler Zucker. Xylit-Zucker hat zwar laut Verpackung einen Kohlenhydratwert von 99 g per 100 g und 236 kcal, doch da er ein Zuckeraustauschstoff ist, wird er vom Körper anders verarbeitet als Zucker oder andere Kohlenhydrate.

Der Körper nimmt Xylit nur langsam auf und verstoffwechselt ihn auch langsam, weshalb Xylit den Insulinspiegel kaum beeinflusst. Der Blutzuckerspiegel wird nur geringfügig belastet, deshalb ist Xylit für Diabetiker gut geeignet. Etwa ein Drittel des Xylit-Zuckers wird in der Leber resorbiert, die anderen zwei Drittel wandern in den Verdauungstrakt, wo sie von Darmbakterien zu kurzkettigen Fettsäuren abgebaut werden. Xylit-Zucker wird deshalb mit 40 Prozent weniger Kalorien und 75 Prozent weniger Kohlenhydraten berechnet als Zucker. Und noch ein Vorteil: Er fördert tatsächlich und nachgewiesenermaßen die Gesundheit der Zähne!

Ich verwende ausschließlich Xylit-Zucker, der aus Laubhölzern gewonnen wird. Bestellen kann man den zum Beispiel im Internet.

Allerdings sollte man zwei Dinge beachten: Xylit-Zucker kann bei übermäßigem Verzehr abführend wirken. Der tägliche Schwellenwert der abführenden Wirkung beträgt bei Erwachsenen etwa 150 g und bei Kindern etwa 40 g. Für Kinder unter 3 Jahren wird Xylit-Zucker nicht empfohlen. Außerdem darf Birkenzucker nicht an Hunde und andere Haustiere verfüttert werden – die brauchen aber sowieso keine Süßspeisen!

Erythritol

Erythritol ist eine vollkommen natürliche kalorien- und kohlenhydratfreie Alternative zu Zucker. Er ist eine süß schmeckende Verbindung und gehört chemisch zu den Zuckeralkoholen und wird als Zuckerersatzstoff verwendet. Somit ist er ein reines Süßungsmittel und liefert keine Energie. Die Süßkraft beträgt etwa 70 Prozent im Vergleich zu Haushaltszucker.

Man braucht Erythritol nicht zu berücksichtigen, wenn man Broteinheiten berechnet oder Kohlenhydrate zählt. Deshalb eignet sich Erythritol sehr gut bei einer kohlenhydratarmen Ernährung und für alle, die unnötige Kalorien vermeiden wollen. Erythritol erhöht den Blutzuckerspiegel nicht und hat auch keinerlei Einfluss auf die Ausschüttung von Insulin. Deshalb kann Erythritol ohne Bedenken von Diabetikern verwendet werden. Anders als künstliche Süßstoffe schmeckt Erythritol nicht übertrieben süß. Erythritol kann allerdings bei übermäßigem Verzehr abführend wirken.

Es gibt ihn in zwei Varianten:

- Die erste sieht aus wie gewöhnlicher Zucker, ist aber zum Backen und Kochen nicht geeignet, da sie bei hohen Temperaturen karamellisiert. Auch löst sie sich schlecht in kalt angerührten Desserts auf.
- Die zweite als Puderzucker ist für Desserts hervorragend geeignet, deshalb benutze ich in diesem Buch ausschließlich die Puderzuckerform.

Sie können Erythritol gut im Internet bestellen oder im Reformhaus kaufen – dort finden Sie ihn meist unter dem Markennamen Sukrin. Im Internet bekommt man die Puderzuckerform auch als 1-kg-Beutel – sehr zu empfehlen. Auf meiner Webseite www.sweet-low-carb.de gebe ich wieder Tipps, wo man ihn bestellen kann.

Nährwertinformationen:

100 g Erythritol/Sukrin enthalten durchschnittlich:	
Brennwert	0 kJ/0 kcal
Protein	0 g
Kohlenhydrate	100 g
– davon Zucker	0 g
– davon Zuckeralkohol	100 g
Fett	0 g

Agar-Agar

Agar-Agar ist ein rein pflanzliches Binde- und Geliermittel, das aus Meeresalgen gewonnen wird. Es wird in Form von Pulver und Flocken angeboten und kann zum Andicken von Gelees, Cremes, Mousses, Puddings, Brotaufstrichen, Marmeladen und Tortenguss verwendet werden.

Agar-Agar ist eine gute Alternative zu Gelatine: Es benötigt keinen Zucker, um zu gelieren, ist also ideal für alle, die ihren Zuckerkonsum reduzieren möchten. Da es rein pflanzlich ist, ist es außerdem prima für Vegetarier und Veganer geeignet.

Bei der Verarbeitung sollte die jeweilige Packungsanleitung beachtet werden, da im Handel unterschiedliche Qualitäten angeboten werden. Es enthält reichlich Ballast- und Mineralstoffe und ist kalorienfrei und geschmacksneutral. Damit Agar-Agar geliert, muss es aufgekocht werden. Bei besonders sauren Früchten (z. B. Zitronen) kann Agar-Agar nicht verwendet werden, da es bei zu viel Säure seine Gelierwirkung verliert.

Ich benutze es ausschließlich in Pulverform. Dabei gilt als grobe Orientierungshilfe: Ein Päckchen gemahlene Gelatine bzw. sechs Blatt Gelatine entsprechen einem dreiviertel Teelöffel Agar-Agar-Pulver. In allen Rezepten, in denen ich Gelatine verwendet habe, können Sie diese auch durch Agar-Agar ersetzen.

Als grobe Faustregel gilt:

- 1 Teelöffel Agar-Agar für 750 ml Flüssigkeit
- ¾ Teelöffel Agar-Agar für 500 ml Flüssigkeit
- ¼ Teelöffel Agar-Agar für 200 ml Flüssigkeit

Agar-Agar bekommt man im Internet und in Reformhäusern.

Sojamilch und Sojajoghurt

In meinen Rezepten verwende ich gern Sojamilch bzw. Sojajoghurt, da diese etwas weniger Kohlenhydrate enthalten als Kuhmilch. Das ist allerdings Geschmackssache – wenn Sie den Geschmack lieber mögen, können Sie in allen Rezepten auch Kuhmilch bzw. Naturjoghurt verwenden. Der Kohlenhydratgehalt der Desserts steigt dadurch nur geringfügig an.

Sojamilch ist ein aus Sojabohnen hergestelltes pflanzliches Getränk. Ihr Aufbau und ihre Verwendungsmöglichkeiten ähneln denen der Milch, weshalb sie in der veganen Ernährung als ein Ersatz für Kuhmilch verwendet wird. Sojamilch und Sojajoghurt sind von Natur aus frei von Gluten, Cholesterol sowie Milcheiweiß und Laktose. Menschen mit einer Kuhmilchallergie oder einer Laktoseintoleranz können sie deshalb ohne Beschwerden verzehren. Außerdem sind sie reich an hochwertigem pflanzlichen Eiweiß und eine gute Calciumquelle.

Beim Fettgehalt liegt Sojamilch mit durchschnittlich etwa 2 % zwischen Vollmilch (3,5 %) und fettarmer Milch (1,5 %). Allerdings besteht das Fett von Sojamilch – anders als bei Kuhmilch – vorwiegend aus ungesättigten Fettsäuren, die sich günstig auf Herz und Kreislauf auswirken.

Sojajoghurt wird – ähnlich wie normaler Joghurt – mithilfe von Joghurtkulturen aus Sojamilch hergestellt. Er lässt sich hervorragend in Desserts verarbeiten. Sojamilch und Sojajoghurt habe ich ausschließlich von der Firma Alpro verwendet. Kaufen kann man sie in gut sortierten Supermärkten.

Vergleich von Sojamilch und Kuhmilch

Nährstoff pro 100 ml	Sojamilch	Kuhmilch
Energie	163 kJ/39 kcal	279 kJ/67 kcal
Fett	1,8 g	3,5 g
Kohlenhydrate	2,5 g	4,7 g
Eiweiß	3,0 g	3,3 g

Sojamehl

Vollfett-Sojamehl wird aus der ganzen Sojabohne gewonnen. Die Verwendung des Sojamehls ist vielfältig. Im Prinzip kann es überall dort eingesetzt werden, wo Mehl verwendet wird. Sojamehl eignet sich zudem als Emulgator und Stabilisator. Jedoch sollte beim Backen darauf geachtet werden, dass dieses Mehl nur als Zusatzmehl verwendet wird. In kleinen Mengen zugegeben verbessert Sojamehl nebenbei die Back- und Kocheigenschaften. Kaufen oder Bestellen kann man es in gut sortierten Supermärkten, Naturkostgeschäften, Bioläden, Reformhäusern oder im Internet.

... und noch etwas für den Geschmack

Vorsicht – in fast allen fertigen Geschmackszutaten ist Zucker beziehungsweise Traubenzucker enthalten, z. B. in geriebener Zitronenschale in der Tüte. Daher versuche ich, fertige Geschmackszutaten zu meiden, und verwende stattdessen z. B. das Mark aus echten Vanilleschoten oder die frisch abgeriebene Schale unbehandelter Zitronen. Fertigprodukte aus Tüten machen zwar weniger Arbeit, aber sie enthalten zu viel Zucker.

Backaromen sind eine weitere gute Möglichkeit, Geschmack in Süßspeisen zu bringen. Diese kleinen Fläschchen bieten viele tolle Aromen, und sie enthalten keinen Zucker.

Wenn ich etwas Schokoladiges zaubere, nehme ich ausschließlich Bitterschokolade mit einem Kakaoanteil von 70–85 %, weil sie einen geringen Zuckergehalt hat und einen starken Schokoladengeschmack ergibt. Bitterschokolade ist in jedem Supermarkt erhältlich.

Obst

Obst enthält zwar gewisse Mengen an Kohlenhydraten, darf aber bei einer kohlenhydratarmen Ernährung dennoch nicht fehlen. Ich verwende in diesem Buch ausschließlich frisches oder tiefgekühltes Obst, da Dosenobst sehr viel Zuckersirup enthält. Alle Arten von Beeren sind sehr kohlenhydratarm und haben wenig Zucker, deshalb sind sie bestens für eine kohlenhydratarme Ernährung geeignet. Die folgende Nährwerttabelle der gängigsten Obstsorten wird ihnen helfen, wenn Sie das Obst der einzelnen Rezepte austauschen und variieren möchten.

Nährwerte pro 100 Gramm

Obst	kcal	KH	Fett	Eiweiß	BE
Apfel	55	11	0,6	0,3	0,9
Aprikose	42	9	0,1	0,9	0,7
Birne	57	12	0,3	0,4	1
Brombeere	46	6	0,9	1,1	0,5
Clementine	46	9	0,3	0,7	0,8
Erdbeeren	33	6	0,4	0,8	0,5
Heidelbeeren	40	19	0,6	0,7	1,6
Himbeeren	33	5	0,3	1,3	0,4
Johannisbeeren	40	6	0,2	1,4	0,5
Süßkirsche	65	14	0,3	1	1,2
Sauerkirsche	55	10	0,5	1,2	0,8
Mandarine	47	10	0,3	0,5	0,8
Mango	60	12	0,5	0,5	1
Maracuja	80	14	0,4	2,5	1,1
Nektarine	51	12	0	1	1
Obstmischung	85	20	0,2	0,7	1,6
Orange	40	8	0,2	0,9	0,7
Pfirsich	45	11	0,1	0,8	0,9
Pflaume	70	10	0,2	0,5	0,8
Rhabarber	14	2	0,1	0,6	0,1
Zitrone	37	3	0,6	0,7	0,3

Noch ein paar Tipps

Damit die Rezepte gelingen, halten Sie sich bitte genau an die Rezeptur. Sie brauchen keine »Sonderausstattung« – meine Rezepte gelingen mit ganz normalen Küchengeräten: Mixer, Schneebesen, Teigschaber, Messbecher, Waage, Pürierstab usw. Hier noch ein paar spezielle Hinweise:

- Xylit-Zucker können Sie für alle Rezepte in diesem Buch verwenden.
- Erythritol vor der Verwendung am besten immer sieben. Sie sollten ihn nicht für Desserts verwenden, die heiß angerührt werden, und auch nicht für Marmeladen. Denn nach dem Abkühlen karamellisiert er und knirscht dann zwischen den Zähnen.
- Himbeeren sollten Sie durch ein Sieb geben, damit die Kerne entfernt werden.
- Agar-Agar geliert nicht bei stark säurehaltigen Früchten wie Zitronen.
- Kalt angerührte Desserts mit frischen Eiern wie Mousse au Chocolat bitte spätestens am nächsten Tag verzehren, da sie roh verarbeitet werden.
- Bei einigen Rezepten empfehle ich unbedingt eine Schürze zu tragen.

Aufgrund der guten Erfahrung und der positiven Resonanz auf meine begleitende Internetseite für »Das Low-Carb-Backbuch« habe ich zu diesem Buch auch wieder eine informative Webseite eingerichtet. Sie finden sie unter www.sweet-low-carb.de.

Im Rezeptteil verwendete Abkürzungen:

Abkürzungen	Bedeutung
BE	Broteinheiten
E	Eiweiß
EL	Esslöffel
F	Fett
Fl.	Fläschchen
g	Gramm
geh.	gehäuft
gem.	gemahlen
kcal	Kilokalorien
kg	Kilogramm
KH	Kohlenhydrate
ml	Milliliter
Pck.	Päckchen
TL	Teelöffel

Rezepte ohne Reue

Hier kommen sie – die köstlichen Rezepte für kohlenhydratarme Desserts. Worauf haben Sie Lust?

LECKER-LUFTIGE CREMES

Schnelles Rezept für warme Tage

Mangotraum

Für 6 Portionen • gelingt leicht
25 Min.

500 g Magerquark • 100 ml Mineralwasser • 3 EL Erythritol-Puderzucker • 1 Vanilleschote • 1 Mango (ca. 250 g Fruchtfleisch)

- Quark und Mineralwasser vermixen. Den Erythritol-Puderzucker durch ein Sieb hinzugeben. Das Mark aus der Vanilleschote schaben und den Quark nach Belieben damit abschmecken.

- Die Mango waschen, schälen und das Fruchtfleisch pürieren.

- Quark und Mangopüree schichtweise in sechs Dessertgläser füllen – und fertig ist das fettarme und leckere Quarkdessert.

Nährwerte pro Portion
82 kcal • 8 g KH • 0,7 BE • 1 g F • 10 g E

Für echte Genießer

Einfache Weißweincreme

Für 4 Portionen • braucht etwas mehr Zeit
30 Min. + mehrere Std. Kühlzeit

- ½ Pck. gem. Gelatine
- 2 große Eier
- 50 g Erythritol-Puderzucker
- ½ Zitrone
- 125 ml Weißwein
- 125 ml Sahne

- Die Gelatine nach Packungsanleitung quellen lassen und auflösen.

- Die Eier trennen. Die Eigelbe mit 40 g gesiebtem Erythritol-Puderzucker cremig schlagen.

- Die Zitrone auspressen. Den Weißwein und den Zitronensaft in die Eigelbmasse rühren.

- Ein paar EL von der Weißweincreme in die aufgelöste, leicht ausgekühlte Gelatine rühren. Dann die Gelatinemischung zur übrigen Weincreme geben und gut unterrühren – am besten mit dem Mixer.

- Die Sahne mit 10 g gesiebtem Erythritol-Puderzucker steif schlagen und unterheben, am besten mit einem Schneebesen. Das Eiweiß ebenfalls steif schlagen und unterheben.

- In Gläser oder eine schöne große Schale füllen und für ein paar Std. im Kühlschrank kalt stellen.

Nährwerte pro Portion
163 kcal • 3 g KH • 0,3 BE • 12 g F • 6 g E

Ein fruchtiges Vergnügen

Himbeercreme

Für 5 Portionen • geht schnell

15 Min. + 1½ Std. Kühlzeit

100 g Himbeeren (TK oder frisch) • 4 geh. TL Erythritol-Puderzucker • 100 ml Sahne • 500 g Sojajoghurt (natur) oder Naturjoghurt • etwas geraspelte Bitterschokolade (70–85 % Kakaoanteil)

- Die Himbeeren pürieren und durch ein Sieb geben.
- Die Sahne mit Erythritol-Puderzucker cremig schlagen.
- Dann die Himbeeren und die Sahnecreme unter den Joghurt mischen. In Gläser oder in eine schöne Glasschale füllen.
- Für 1–2 Std. in den Kühlschrank stellen und vor dem Servieren mit etwas geraspelter Bitterschokolade garnieren.

Nährwerte pro Portion

114 kcal • 4 g KH • 0,3 BE • 8 g F • 5 g E

Locker wie Mousse au Chocolat

Zitronen-Joghurt-Creme

Für 6 Portionen • braucht etwas mehr Zeit

30 Min. + 2–3 Std. Kühlzeit

4 EL Erythritol-Puderzucker • 200 ml Sahne • 1 Pck. gem. Gelatine • 1 Zitrone (bio) • 500 g Sojajoghurt (natur) oder Naturjoghurt

- Erythritol in die Sahne einrühren, dann die Sahne steif schlagen. Die Gelatine nach Packungsanleitung in etwas Wasser quellen lassen und unter Erwärmen auflösen.
- Die Zitrone auspressen, etwas Schale abraspeln. Zitronensaft und -schale mit dem Sojajoghurt mischen.
- Die aufgelöste Gelatine temperieren und vorsichtig unterrühren. Für etwa ½ Std. kühl stellen.
- Anschließend die Sahne unterheben. Nun noch mal für 2–3 Std. kühl stellen.

Nährwerte pro Portion

149 kcal • 3 g KH • 0,3 BE • 12 g F • 6 g E

Es darf auch ein Löffel mehr sein.

Joghurtcreme an Fruchtpüree

Für 4 Portionen • gelingt leicht

25 Min.

- 250 g frisches Saisonobst
- 250 g Sojajoghurt (natur) oder Naturjoghurt
- 1 Vanilleschote
- 1 Becher Sahne
- 1 Pck. Sahnesteif
- 3 EL Erythritol-Puderzucker

● Die Hälfte der Früchte klein schneiden. Das Joghurt zu den geschnittenen Früchten geben.

● Das Mark aus der Vanilleschote schaben. Die Sahne schlagen, dabei Vanillemark und Sahnesteif dazugeben. Erythritol-Puderzucker sieben und ebenfalls während des Schlagens unter die Sahne rühren.

● Weiter schlagen, bis die Sahne fest ist. Anschließend die geschlagene Sahne zum Joghurt geben und unterheben.

● Die zweite Hälfte der Früchte pürieren und das Püree über die Joghurtcreme geben. Bis zum Verzehr in den Kühlschrank stellen.

Tipp Die angegebenen Nährwerte beziehen sich bei diesem Rezept nur auf die Joghurtcreme – ohne das Obst. Denn sie würden je nach verwendetem Obst variieren. Vorne im Buch finden Sie eine kleine Frischobst-Nährwerttabelle: Rechnen Sie die Nährwerte des von Ihnen verwendeten Obsts einfach dazu.

Nährwerte pro Portion

183 kcal • 5 g KH • 0,4 BE • 16 g F • 4 g E

Ein Traum in Schokolade

Mousse au Chocolat

Für 8 Portionen • geht schnell
25 Min.

- 60 g Butter
- 100 g Bitterschokolade
- 3 große Eier
- 80 g Xylit-Zucker
- Kaffee- oder Espressopulver

- Die Butter in einem kleinen Topf auf niedriger Temperatur schmelzen.

- Die Schokolade zerkleinern und unter Rühren in der Butter schmelzen lassen. Den Topf vom Herd nehmen und beiseitestellen.

- Eier trennen. Eiweiß sehr steif schlagen und auch zur Seite stellen. Die Eigelbe mit dem Xylit-Zucker schaumig rühren.

- ½ Tasse Espresso oder starken Kaffee kochen und noch warm (lauwarm) unter die Eigelbmasse rühren. Die geschmolzene Butter-Schokoladen-Masse zufügen und gut verrühren.

- Zunächst 2 EL Eischnee unter die Schokoladenmasse ziehen, dann den restlichen Eischnee mit einem Schneebesen vorsichtig unterheben. Dabei nicht zu stark rühren, damit der Eischnee möglichst nicht zusammenfällt.

- Die fertige Mousse au Chocolat in Dessertgläser oder in eine Glasschüssel füllen und bis zum Servieren im Kühlschrank fest werden lassen. Mit Frischhaltefolie abdecken, es bildet sich sonst eine leichte Haut obenauf.

Das passt dazu Ich serviere Mousse au Chocolat gerne mit einem kleinen Sahnehäubchen.

Tipp Sie sollten ganz frische Eier verwenden, da diese roh verarbeitet werden.

Nährwerte pro Portion
175 kcal • 7 g KH • 0,6 BE • 14 g F • 4 g E

Weckt den Italiener in dir.

Cappuccinocreme

Für 4 Portionen • gelingt leicht
15 Min.

- ½ Becher Sahne
- 250 g Magerquark
- 1 EL Erythritol-Puderzucker
- ½ Vanilleschote
- 2 EL Instant-Cappuccino-Pulver
- Kakaopulver für die Deko

● Bevor die Sahne steif geschlagen wird, 1 EL davon abnehmen und zum Magerquark geben, damit sich dieser besser verarbeiten lässt.

● Den Erythritol-Puderzucker sieben. Die restliche Sahne damit schön steif schlagen und zur Seite stellen.

● Das Mark aus der Vanilleschote schaben. Jetzt den Magerquark mit dem Mixer glatt rühren, dabei das Vanillemark und das Cappuccino-Pulver dazugeben.

● Anschließend die steif geschlagene Sahne unterheben.

● Die Cappuccinocreme in kleine Dessertschalen oder Gläser füllen und bis zum Verzehr kalt stellen.

● Kurz vor dem Servieren dünn mit Kakaopulver bestreuen.

Tipp Hier habe ich ausnahmsweise Cappuccinopulver verwendet – das enthält zwar Zucker, aber insgesamt ist das Dessert immer noch kohlenhydratarm. Als zuckerfreie Alternative kann man Instant-Kaffeepulver verwenden.

Nährwerte pro Portion
129 kcal • 6 g KH • 0,5 BE • 8 g F • 9 g E

Genau das Richtige für einen Herrenabend

Whiskycreme

Für 4 Portionen • gelingt leicht
25 Min.

- ½ Pck. gem. Gelatine
- 50 g Erythritol-Puderzucker
- 2 Eigelbe
- 4–5 EL Whisky
- 200 ml Sahne
- Schokoraspel für die Deko

- Zunächst die Gelatine nach Packungsanleitung anrühren, quellen lassen und unter Erwärmen auflösen.

- Erythritol-Puderzucker sieben und mit den Eigelben cremig rühren. 2 EL warmes Wasser dazugeben und mit dem Mixer auf höchster Stufe schaumig schlagen, bis das Eigelb fast weißlich wird.

- Dann auf niedrigster Stufe weiterrühren und den Whisky dazugeben.

- Die Gelatine vom Herd nehmen und einen Moment auskühlen lassen. 2–3 EL von der Creme zu der Gelatine geben und gut verrühren.

- Diese Mischung nun unter die restliche Creme rühren. So bilden sich im Dessert keine Klümpchen.

- Die Creme für etwa 10 Min. in den Kühlschrank stellen, bis sie leicht anfängt zu gelieren. In der Zwischenzeit die Sahne steif schlagen.

- Die Sahne unterheben, die Creme in dekorative Gläser oder in eine schöne Glasschale füllen und zum Schluss noch ein paar Schokoraspel darüberstreuen.

Nährwerte pro Portion

209 kcal • 2 g KH • 0,1 BE • 18 g F • 4 g E

Davon bleibt nichts übrig!

Eierlikörcreme auf Erdbeeren

Für 6 Portionen • geht schnell
20 Min.

- 250 g frische Erdbeeren
- 3 EL Xylit-Zucker
- 100 ml Sahne
- 250 g Magerquark
- 125 ml Eierlikör

- Erdbeeren waschen, putzen und klein schneiden. Dann mit 1 EL Xylit-Zucker bestreuen und umrühren. Zur Seite stellen.

- Sahne mit dem restlichen Xylit-Zucker steif schlagen.

- Magerquark mit drei Vierteln des Eierlikörs mischen, am besten mit einem Mixer.

- Dann die steif geschlagene Sahne dazugeben und alles gut miteinander verrühren.

- Die Erdbeeren in eine schöne Schale geben und die Eierlikörcreme darüber verteilen. Auf der Oberfläche sollten Unebenheiten entstehen – also nicht glatt streichen.

- Zum Schluss den übrigen Eierlikör vorsichtig darüberträufeln.

Nährwerte pro Portion

157 kcal • 12 g KH • 0,9 BE • 7 g F • 7 g E

Eine Romanze zwischen Sekt und Erdbeeren

Prosecco-Creme

Für 4 Portionen • braucht etwas mehr Zeit

35 Min. + 3 Std. Kühlzeit

- ½ unbehandelte Zitrone
- ½ Pck. gem. Gelatine
- 2 Eier
- ¼ Vanilleschote
- 40 g Xylit-Zucker
- 125 ml Sekt oder Prosecco
- 250 g frische Erdbeeren
- 50 ml Sahne

Die Zitrone waschen und den Saft auspressen. Die Schale fein abraspeln.

Den Zitronensaft mit kaltem Wasser auf 6 EL auffüllen, die Gelatine darin einrühren und 10 Min. quellen lassen.

Die Eier trennen. Das Eiklar kühl stellen. Das Mark aus der Vanilleschote schaben.

Eigelbe, Xylit-Zucker und Vanillemark cremig schlagen. Prosecco bzw. Sekt und Zitronenschale vorsichtig dazugeben.

Die gequollene Gelatine unter Rühren bei schwacher Hitze auflösen. Ein wenig von der Proseccocreme in die lauwarme Gelatinelösung rühren (Temperaturausgleich). Die Gelatinemischung dann unter Rühren mit einem Schneebesen zur übrigen Creme geben.

Etwa ½ Std. kalt stellen, bis die Creme leicht fest wird.

Währenddessen die Erdbeeren waschen, putzen und halbieren. Sahne und Eiweiß steif schlagen. Beides vorsichtig unter die Creme heben.

Ein paar Erdbeeren für die Deko beiseite stellen; die übrigen in eine Glasschale füllen und die fertige Creme darüber verteilen. Für 3–4 Std. in den Kühlschrank stellen.

Nährwerte pro Portion

152 kcal • 9 g KH • 0,7 BE • 7 g F • 6 g E

Für Feiern und Events

Luftige Stracciatellacreme

Für 8 Portionen • gut vorzubereiten
30 Min. + Kühlzeit über Nacht

- 1 Pck. gem. Gelatine
- 500 g Sojajoghurt (natur) oder Naturjoghurt
- 60 g Xylit-Zucker
- etwas Zitronensaft
- 25 g Bitterschokolade
- 250 ml Sahne

● Gelatine in kaltem Wasser nach Packungsanleitung einweichen. Anschließend vorsichtig erwärmen, bis sie flüssig ist. Dann etwas abkühlen lassen.

● Zuerst nur 2–3 EL Joghurt einrühren, dann den Rest Joghurt, den Xylit-Zucker und 1 Spritzer Zitronensaft dazugeben und alles gut vermengen.

● Schokolade grob raspeln oder hacken, Sahne steif schlagen und beides vorsichtig unter die Joghurtcreme heben. In eine Schale füllen und – am besten über Nacht – kalt stellen, bis die Mousse fest geworden ist.

Tipp Mit einem Löffel Nocken abstechen und mit pürierten Früchten servieren.

Nährwerte pro Portion
153 kcal • 5 g KH • 0,4 BE • 12 g F • 4 g E

Eine fruchtige Versuchung

Himbeer-Joghurt-Mousse

Für 4 Portionen • gelingt leicht
30 Min. + 4 Std. Kühlzeit

- ½ Pck. gem. Gelatine
- 125 g Himbeeren (frisch oder TK)
- 1 Vanilleschote
- 1½ EL Erythritol-Puderzucker
- 250 g Sojajoghurt (natur) oder Naturjoghurt
- 125 ml Sahne

● Die Gelatine nach Packungsanleitung in Wasser quellen lassen und unter Erwärmen auflösen.

● Himbeeren pürieren und durch ein Sieb streichen. Das Mark aus der Vanilleschote schaben.

● Erythritol-Puderzucker sieben und mit Joghurt, Vanillemark und den pürierten Himbeeren mischen.

● Zum Temperaturausgleich ein wenig Himbeerjoghurt in die lauwarme Gelatinelösung rühren. Diese Mischung dann unter Rühren mit einem Schneebesen zum übrigen Himbeerjoghurt geben.

● Sahne steif schlagen und unter die Mousse heben. In Schälchen, Gläser oder in eine große Schale füllen und etwa 4 Std. kühlen.

Variante Probieren Sie die Joghurtmousse auch einmal mit anderen Obstsorten – vielleicht Brombeeren, Birnen oder Kirschen.

Nährwerte pro Portion
135 kcal • 4 g KH • 0,3 BE • 11 g F • 5 g E

Ein fruchtig-frischer Genuss

Mousse au Citron

Für 4 Portionen • anspruchsvoll
40 Min.

- 1 Pck. gem. Gelatine
- 3 Eier
- ½ Zitrone (bio)
- 2½ EL Xylit-Zucker
- ¼ Fl. Back-Aroma Zitrone
- 125 ml Sahne

- Die Gelatine nach Packungsanleitung in Wasser quellen lassen und auflösen.

- Die Eier trennen. ½ Zitrone auspressen und etwas von der Schale abraspeln.

- Den Xylit-Zucker mit den Eigelben schaumig rühren. Die Zitronenschale und den Saft sowie das Backaroma dazugeben und unterrühren.

- Ein wenig von der Ei-Zucker-Masse zum Temperaturausgleich in die lauwarme Gelatinelösung rühren. Diese Mischung dann unter Rühren zur übrigen Ei-Zucker-Masse geben.

- Etwa ½ Stunde kalt stellen, bis die Creme anfängt, fest zu werden.

- In der Zwischenzeit die Sahne steif schlagen. Das Eiweiß sehr steif schlagen. Die Sahne unter die Creme rühren und den Eischnee vorsichtig unterheben.

- In Gläser oder in eine Glasschale füllen und bis zum Verzehr in den Kühlschrank stellen.

Tipp Als Deko eine Zitronenscheibe an den Glasrand stecken und ein wenig geraspelte Zitronenschale auf die Mousse streuen.

Nährwerte pro Portion
179 kcal • 3 g KH • 0,3 BE • 14 g F • 9 g E

Ein Traum!

Pfirsichmousse

Für 4 Portionen • gelingt leicht
20 Min.

- 4 große frische Pfirsiche oder Nektarinen
- 1 unbehandelte Zitrone
- 4 EL Erythritol-Puderzucker
- 100 g Magerquark
- 100 ml Sahne

- Die Pfirsiche schälen und das Fruchtfleisch würfeln.

- Die Zitrone waschen, abtrocknen und die Schale fein raspeln. Den Saft auspressen.

- Erythritol-Puderzucker sieben und zum Fruchtfleisch geben. 2 EL Zitronensaft und 2 TL Zitronenabrieb hinzufügen und alles zusammen pürieren.

- Den Quark unter das Fruchtpüree ziehen. Die Sahne steif schlagen und vorsichtig unter die Masse heben. Kalt stellen.

Variante Sie können auch anderes Obst nehmen. Für eiskalten Genuss die Creme abdecken und für mindestens 4 Std. ins Gefrierfach stellen. Vor dem Servieren etwa 20 Min. bei Raumtemperatur stehen lassen, bis die Masse cremig ist.

Nährwerte pro Portion
135 kcal • 13 g KH • 1 BE • 8 g F • 5 g E

SWEET
JOGHURT

Sehr wandlungsfähiges Dessert – einfach zuzubereiten

Joghurt à la Panna cotta

Für 6 Portionen • gelingt leicht

25 Min.

- 1 Zitrone
- 3–4 EL Xylit-Zucker
- 2 TL Agar-Agar
- 50 ml Sahne
- 400 g Sojajoghurt (natur) oder Naturjoghurt

- Die Zitrone auspressen. 100 ml Wasser mit Zitronensaft, Xylit-Zucker und Agar-Agar aufkochen und etwa 3 Min. köcheln lassen.

- Vom Herd nehmen und etwas abkühlen lassen. Die Sahne cremig schlagen.

- Den Joghurt und die cremig geschlagene Sahne in die Zitronenmasse einrühren.

- Die Mischung in sechs kalt ausgespülte Förmchen gießen oder in eine schöne Glasschale geben. 2–4 Std. im Kühlschrank fest werden lassen.

Das passt dazu Joghurt à la Panna cotta harmoniert hervorragend mit püriertem Obst, z. B. mit TK-Beeren, frischen Erdbeeren, Heidelbeeren oder auch mit roter Grütze (Seite 97).

Nährwerte pro Portion

76 kcal • 4 g KH • 0,4 BE • 4 g F • 3 g E

SÜSSES AUS DEM OFEN

Fruchtiges Vergnügen

Zwetschgen unterm Schneeberg

Für 4 Portionen • gelingt leicht
20 Min. + 15 Min. Backzeit

250 g Zwetschgen • 2 EL Xylit-Zucker • 1 Vanillestange • 3 Eiweiß

- Die Zwetschgen entsteinen und mit etwas Wasser aufkochen. ½ EL Xylit dazugeben. Abkühlen lassen.

- Den Backofen auf 170 Grad vorheizen. Das Mark aus der Vanilleschote schaben.

- Das Eiweiß mit dem übrigen Xylit und dem Vanillemark sehr steif schlagen. Zwetschgen und Flüssigkeit in eine Auflaufform geben, den Eischnee als Bergspitzen darüber verteilen.

- Etwa 15 Min. backen, bis die Oberfläche leicht golden ist.

Variante Auch mit frischem Rhabarber ein Genuss.

Nährwerte pro Portion
67 kcal • 8 g KH • 0,7 BE • 0 g F • 3 g E

Als süßes Hauptgericht oder als Dessert genießen

Quarknockerl

Für 1 Auflaufform – ergibt etwa 10 Portionen • gelingt leicht

30 Min. + 25 Min. Backzeit

- 20 g Haferflocken
- 1 Vanilleschote
- 4 große Eier
- 1 Prise Salz
- 1 kg Magerquark
- 170 g Xylit-Zucker
- 125 ml Milch
- 50 g weiche Butter
- 3 EL Sojamehl
- 1 TL Johannisbrotkernmehl

- Die Haferflocken mit einem Multizerkleinerer extra fein mahlen. Das Mark aus der Vanilleschote schaben.

- Die Eier trennen. Das Eiweiß mit einer Prise Salz steif schlagen.

- Quark, Xylit-Zucker, Vanillemark und Eigelb gut verrühren. Die weiche Butter und die Milch dazugeben.

- Zwischendurch den Backofen auf 200 Grad vorheizen.

- Nun Sojamehl, Johannisbrotkernmehl und Haferflocken unter die Quarkmasse mischen. Zum Schluss vorsichtig den Eischnee unterheben.

- Eine feuerfeste Form mit Butter ausstreichen. Mit einem Esslöffel Nockerl von der Masse abstechen und nebeneinander in die Form setzen.

- Bei 200 Grad 20–25 Min. backen.

Das passt dazu Die QuarknockerIn schmecken gut mit pürierten Obst oder roter Grütze (Seite 97).

Nährwerte pro Portion

184 kcal • 10 g KH • 0,9 BE • 8 g F • 17 g E

Für Genießer

Zitronensoufflé

Für 6 Portionen • anspruchsvoll

30 Min. + 45 Min. Backzeit

- 30 g Haferflocken
- 2 große Eier
- 50 g weiche Butter
- 130 g Xylit-Zucker
- ½ Fl. Butter-Vanille-Aroma
- 300 ml Sojamilch oder fettarme Kuhmilch
- 20 g Sojamehl
- 1 TL Johannisbrotkernmehl
- 1 TL Backpulver
- 1 unbehandelte Zitrone
- Backaroma Zitrone

● Die Haferflocken mit einem Zerkleinerer ganz fein mahlen.

● Eier trennen. Eigelbe mit Butter, Xylit-Zucker und Butter-Vanille-Aroma schaumig schlagen. Den Backofen auf 200 Grad vorheizen.

● Nach und nach die Sojamilch zur Eigelbmasse geben, dabei weiterrühren. Haferflocken, Sojamehl, Johannisbrotkernmehl und Backpulver durch ein Sieb dazugeben und unterrühren.

● Die Zitrone waschen, abtrocknen und die Schale fein raspeln. Den Saft auspressen. Zitronensaft, abgeriebene Zitronenschale und ein paar Spritzer Zitronen-Aroma zur Masse geben und wieder gut verrühren.

● Das Eiweiß steif schlagen und vorsichtig unter die Masse heben. Alles in eine gefettete feuerfeste Form geben.

● Diese dann in eine zu einem Drittel mit Wasser gefüllte andere feuerfeste Form stellen und im vorgeheizten Backofen etwa 45 Min. backen, bis sich auf der Oberseite eine schöne goldbraune Kruste gebildet hat.

Nährwerte pro Portion

180 kcal • 11 g KH • 0,9 BE • 11 g F • 6 g E

Ollis Lieblingsdessert – ein unvergessliches Schokoladenerlebnis

Schokotraum mit Schneehaube

Für 16 Portionen • anspruchsvoll

40 Min. + Kühlzeit über Nacht

- 480 g Bitterschokolade
- 10 große Eier
- 1 EL Kokosfett
- 1 Handvoll Kokosraspel
- 1 Vanilleschote
- 100 ml Sahne
- 3 EL Erythritol-Puderzucker
- 250 g Mascarpone oder Magerquark

● 300 g Schokolade unter Rühren im Wasserbad schmelzen.

● Den Backofen auf 250 Grad vorheizen. Eine Springform (18–20 cm Durchmesser) mit Backpapier auslegen. Das Backpapier sollte etwas über dem Rand hinausragen.

● Die Eier trennen. Das Eiweiß steif schlagen. Die Schokolade vom Herd nehmen und die Eigelbe unterrühren.

● Einige EL Eischnee unterheben und dann den restlichen Eischnee vorsichtig unter die Schokomasse ziehen, bis sie die Konsistenz einer leichten Mousse hat. In die Form gießen und 8–10 Min. backen.

● Den Schokotraum ½ Std. abkühlen lassen und dann über Nacht in den Kühlschrank stellen.

● Am nächsten Tag 180 g Schokolade mit 1 EL Kokosfett im Wasserbad schmelzen und über den Schokotraum verteilen. Die Kokosraspel auf die noch warme Schokolade streuen.

● Für die Creme das Mark aus der Vanilleschote schaben. Die Sahne mit Erythritol und Vanillemark steif schlagen. Mascarpone oder Quark unterrühren.

● Den Schokotraum in Portionen teilen und mit der Creme servieren.

Nährwerte pro Portion

324 kcal • 12 g KH • 1 BE • 26 g F • 8 g E

OPINEL
INOX
OPINEL
SAVOIE FRANCE

Das Richtige für die kalte Jahreszeit

Apfelmichel

Für 10 Portionen • anspruchsvoll

35 Min. + 45 Min. Backzeit

- 3 große Äpfel (z. B. Jonagold)
- Zimt
- ½ Vanilleschote
- 3 große Eier
- 100 g Xylit-Zucker
- 100 g weiche Butter
- 100 ml Sojamilch (fettarm) oder Kuhmilch
- 4 EL Sojamehl
- 1 TL Johannisbrotkernmehl
- 100 ml Sahne

● Äpfel schälen, in kleine Stücke schneiden und mit 1 Prise Zimt vermischen. Das Mark aus der Vanilleschote schaben.

● 2 Eier trennen. Die Eigelbe, das ganze Ei, Xylit-Zucker und Vanillemark mit 70 g Butter schaumig schlagen. Die Milch dazugeben und weiterrühren.

● Nach und nach Sojamehl und Johannisbrotkernmehl durch ein Sieb zur Masse geben und gut vermischen.

● Den Backofen auf 170 Grad vorheizen. Die Sahne cremig rühren und zusammen mit den Apfelstücken unter die Masse mischen. Das Eiweiß steif schlagen und vorsichtig unterheben.

● Eine Auflaufform mit dem Rest der Butter gut ausfetten und die Masse hineinfüllen. Mit etwas Zimt bestäuben und in den vorgeheizten Ofen stellen. Nach ca. 25 Min. den Backofen auf 150 Grad herunterdrehen und weitere 20 Min. backen. Noch leicht warm servieren.

Das passt dazu Vanillesoße (Seite 98)

Nährwerte pro Portion

193 kcal • 11 g KH • 0,9 BE • 14 g F • 4 g E

Im Winter genau das Richtige!

Gebackener Zimt-Apfel

Für 4 Portionen • preisgünstig
15 Min. + 20 Min. Backzeit

- 2 große Äpfel (z. B. Jonagold)
- 2 TL Xylit-Zucker
- 2 Prisen Zimt
- etwas Butter

● Oben von den Äpfeln einen Deckel abschneiden. Das Kerngehäuse entfernen – am besten mit einem Apfelentkerner. Die Äpfel mit einem Teelöffel großzügig aushöhlen. Den Backofen auf 170 Grad vorheizen.

● Das entnommene Fruchtfleisch in einen Topf geben, mit Zimt und Xylit-Zucker vermischen und 5–8 Min. schmoren lassen.

● Etwas Butter in eine kleine Schale oder Bratenpfanne geben. Die Äpfel in die Schale stellen. Das geschmorte Fruchtfleisch inklusive Flüssigkeit wieder in die Äpfel füllen. Nun die Schale in den Backofen stellen und etwa 20 Min. backen.

● Die Äpfel halbieren, auf vier Teller verteilen und den beim Backen entstandenen braunen Saft über die Hälften träufeln. Noch warm servieren.

Das passt dazu Besonders lecker mit Vanillesoße (Seite 98).

Nährwerte pro Portion
85 kcal • 7 g KH • 0,6 BE • 2 g F • 0 g E

Obstauflauf nach amerikanischer Art

Pflaumen-Cobbler

Für 8 Portionen • braucht etwas mehr Zeit

40 Min. + 30 Min. Backzeit

- 3 große Eier
- 1 Vanilleschote
- 3 EL Xylit-Zucker
- 4 EL Magerquark
- 2 TL Backpulver
- 3 EL Sojamehl
- 1½ TL Johannisbrotkernmehl
- 500 g Pflaumen
- etwas Butter (für die Form)

● Die Eier trennen. Das Mark aus der Vanilleschote schaben. Eigelbe, Xylit-Zucker, Quark und Vanillemark cremig aufschlagen.

● Backpulver, Sojamehl und Johannisbrotkernmehl durch ein Sieb zum Teig geben und alles gut verrühren. Den Teig etwa 20 Min. ruhen lassen.

● Währenddessen die Pflaumen waschen, entkernen und vierteln. Danach mit wenig Wasser kurz aufkochen.

● Den Backofen auf 170 Grad vorheizen. Eine Auflaufform mit Butter einfetten und die Pflaumen hineingeben.

● Das Eiweiß steif schlagen und vorsichtig unter den Teig rühren. Mit einem großen Löffel den Teig portionsweise auf dem Obst verteilen.

● Im vorgeheizten Backofen etwa 30 Min. backen. Vor dem Servieren mit ein wenig Erythritol-Puderzucker bestreuen. Lauwarm genießen.

Variante Sie können auch andere Obstsorten verwenden, z. B. Rhabarber oder Heidelbeeren.

Tipp Wenn etwas übrig bleiben sollte, können Sie es am nächsten Tag gut noch einmal im Backofen aufwärmen.

Nährwerte pro Portion

113 kcal • 9 g KH • 0,7 BE • 4 g F • 6 g E

Überbackener Quarkschaum auf Frucht

Süße Versuchung

Für 4 Portionen • braucht etwas mehr Zeit

20 Min. + 40 Min. Backzeit

- 3 Eier
- 1 Prise Salz
- 100 g Xylit-Zucker
- 125 g Magerquark
- 1 EL Sojamehl
- 1 TL Johannisbrotkernmehl
- 50 ml Milch
- ca. 100 g Marmelade (z. B. Waldfrucht (Seite 84) oder Blaubeer (Seite 79))

● Die Eier trennen. Das Eiweiß mit einer Prise Salz und 30 g Xylit-Zucker sehr steif schlagen – bis es glänzt – und zur Seite stellen.

● Den Backofen auf 170 Grad vorheizen. Das Eigelb mit 70 g Xylit-Zucker verquirlen, bis die Masse schön cremig ist. Den Quark unterrühren. Sojamehl und Johannisbrotkernmehl durch ein Sieb zur Teigmasse geben.

● Nun die Milch zugeben und alles zu einem Teig vermengen. Zum Schluss vorsichtig 2 EL Eischnee unter den Teig heben.

● Die Marmelade gleichmäßig auf den Boden der Auflaufform verteilen. Die Ei-Milch-Quark-Mischung auf die Marmelade gießen.

● Im vorgeheizten Ofen 25–30 Min. backen, bis die Masse fest ist (Stäbchenprobe). Nun die Auflaufform aus dem Ofen nehmen und die Temperatur auf 150 Grad herunterdrehen.

● Den restlichen Eischnee auf der gebackenen Teigmasse verteilen und wieder in den Ofen schieben. 15–20 Min. backen, bis der Eischnee leicht fest wird und eine schöne goldene Farbe bekommt. Lauwarm servieren.

Nährwerte pro Portion

147 kcal • 10 g KH • 0,9 BE • 5 g F • 11 g E

DICH

SCHICHTDESSERTS

Mit Schokosplittern

Marions Erdbeer-Tiramisu

Für 8 Portionen • gut vorzubereiten
⏲ 45 Min. + 30 Min. Backzeit

Zutaten für 1 hellen Boden (Seite 98) • 250 g frische Erdbeeren • 25 g Bitterschokolade • 150 ml Sahne • 4 TL Erythritol-Puderzucker • 250 g Magerquark

- Den Teig für den hellen Boden anrühren (Seite 98) und auf einem kleinen Blech backen. Auskühlen lassen und in eine flache Form legen.

- Erdbeeren waschen und halbieren. Bitterschokolade raspeln.

- Sahne mit Erythritol-Puderzucker steif schlagen. Quark und Sahne gut verrühren. Die Hälfte der Schokoladenraspel dazugeben.

- Den Boden mit Erdbeeren belegen, die Quarkcreme darauf verteilen. Den Rest der Schokolade darüberstreuen. 2–3 Std. kühl stellen.

Nährwerte pro Portion

164 kcal • 8 g KH • 0,7 BE • 10 g F • 9 g E

Eine Sinfonie des Geschmacks

Duett von Rotwein und Eierlikör

Für 8 Portionen • anspruchsvoll
30 Min.

- 100 g Mascarpone
- 5 geh. EL Erythritol-Puderzucker
- 6 EL (50 ml) Eierlikör
- 300 ml Sahne
- 1 Pck. Sahnesteif
- 250 ml lieblicher Rotwein (z. B. Dornfelder)
- 1 Pck. Gelatine fix (Sofort-Gelatine)
- 200 g Magerquark

- Mascarpone mit 1½ EL Erythritol-Puderzucker glattrühren, dabei den Eierlikör zugeben.

- Sahne mit Sahnesteif steif schlagen. Ein Drittel der Sahne unter die Mascarponecreme heben. In schöne Gläser oder eine Schale füllen und kalt stellen.

- Schürze anlegen! Rotwein, 2 EL Erythritol-Puderzucker und Gelatine fix verrühren.

- In einer zweiten Schale den Quark mit 1½ EL Erythritol-Puderzucker schaumig schlagen.

- Nun die Rotweinmischung zum Quark geben. Alles gut verrühren. Ein Drittel der Sahne vorsichtig unter die Masse heben.

- Die Rotweincreme auf die gekühlte Eierlikörcreme schichten. Mit der übrigen Sahne verzieren.

Tipp Streuen Sie noch ein wenig geraspelte Bitterschokolade als Deko über die Rotweincreme.

Nährwerte pro Portion
232 kcal • 8 g KH • 0,7 BE • 17 g F • 6 g E

Eine einfach himmlische Komposition

Eierlikörtraum

Für 4 Portionen • braucht etwas mehr Zeit
35 Min. + 2 Std. Kühlzeit

- 250 g Erdbeeren (frisch oder TK)
- 150 ml Eierlikör
- ¼ Vanilleschote
- 150 ml Sahne
- 2 EL Erythritol-Puderzucker
- 125 g Magerquark
- etwas geraspelte Bitterschokolade

Frische Erdbeeren säubern und von den Stielen befreien, TK-Erdbeeren auftauen und in einem Sieb gut abtropfen lassen. Dann die Früchte halbieren und in Gläser oder eine schöne Schale füllen. Mit etwas Eierlikör beträufeln.

Das Mark aus der Vanilleschote schaben. Die Hälfte der Sahne mit 1 EL Erythritol-Puderzucker und dem Vanillemark cremig, aber nicht steif schlagen.

Den Quark und etwa 6 EL Eierlikör dazugeben und gut unterrühren. Die Quarkmasse auf die Erdbeeren geben und mit 2–3 EL Eierlikör beträufeln.

Die restliche Sahne mit 1 EL Erythritol-Puderzucker steif schlagen und über die Eierlikör-Quark-Masse verteilen. Mit geraspelter Schokolade und dem übrigen Eierlikör dekorieren.

Das Dessert für 2–3 Std. in den Kühlschrank stellen. Oder am Vortag zubereiten und über Nacht im Kühlschrank durchziehen lassen.

Variante Statt Erdbeeren kann man auch anderes Obst verwenden – beispielsweise Himbeeren, Brombeeren oder Pfirsiche. Das Obst sollte allerdings nicht aus der Dose kommen, sonst enthält es zu viel Zucker!

Nährwerte pro Portion
257 kcal • 17 g KH • 1,4 BE • 14 g F • 7 g E

Ein Genuss für alle, die Latte Macchiato lieben.

Latte-Macchiato-Creme

Für 4 große oder 8 kleine Portionen • anspruchsvoll
45 Min. + 3–4 Std. Kühlzeit

- ½ Pck. gem. Gelatine
- 1 Vanilleschote
- 250 ml Milch
- 3 Eigelbe
- 1 Ei
- 65 g Xylit-Zucker
- 2 EL Instant-Kaffee
- 300 ml Sahne
- geraspelte Bitterschokolade oder Mokkabohnen für die Dekoration

- Die gemahlene Gelatine nach Packungsanleitung in kaltem Wasser einweichen und quellen lassen.

- Das Mark aus der Vanilleschote schaben. Die Milch mit dem Vanillemark aufkochen und beiseitestellen.

- Die Eigelbe und das ganze Ei mit Xylit-Zucker im heißen Wasserbad cremig schlagen.

- Dann die noch warme Milch unter Rühren dazugeben. Die vorbereitete, aufgelöste Gelatine mit in die warme Creme einrühren.

- Die Creme auf zwei Schüsseln aufteilen. In die eine Hälfte 2 EL Instant-Kaffee einrühren. Dann beide Cremes 15–20 Min. kalt stellen, bis sie anfangen, fest zu werden.

- Die Sahne steif schlagen und zu gleichen Teilen unter die beiden Cremes heben. Eventuell ein wenig Sahne für die Deko beiseitestellen.

- Nun beide Cremes in Dessertgläser schichten: unten die Kaffeecreme, darüber die helle Vanillecreme. Für 3–4 Std. oder über Nacht in den Kühlschrank stellen.

- Vor dem Servieren mit Schokostreuseln, Mokkabohnen oder Sahne dekorieren.

Nährwerte pro großer Portion
339 kcal • 10 g KH • 0,8 BE • 25 g F • 9 g E

Auch am nächsten Tag ein voller Genuss

Tiramisu

Für 10 Portionen • gut vorzubereiten

30 Min. + 30 Min. Backzeit + 2–3 Std. Kühlzeit

- Zutaten für 1 Schokoboden (Seite 99)
- 5 EL Erythritol-Puderzucker
- 300 ml Becher Sahne
- 1½ Vanilleschoten
- 500 g Mascarpone
- 25 g Bitterschokolade
- 2 EL Whisky, Cognac oder Rum

● Zuerst den Schokoboden backen (Seite 99), am besten auf einem kleinen Blech. Auskühlen lassen.

● Erythritol-Puderzucker in die flüssige Sahne sieben. Die Sahne cremig rühren, aber nicht ganz steif schlagen.

● Das Mark aus den Vanillestangen schaben und mit dem Mascarpone verrühren. Die cremig geschlagene Sahne mit der Mascarponecreme vermengen.

● Die Bitterschokolade raspeln. Die Hälfte der Schokoraspel zur Mascarponecreme geben. Dann je nach Geschmack Whisky, Cognac oder Rum hinzufügen und beides unterrühren.

● Nun die Masse auf den ausgekühlten Schokoboden verteilen. Obendrauf die übrige geraspelte Schokolade verstreuen. Vor dem Verzehr 2–3 Std. in den Kühlschrank stellen.

Variante Anstelle von Raspelschokolade können Sie das Tiramisu auch mit Backkakao bestreuen. Das sollte man dann allerdings erst kurz vor dem Servieren machen.

Nährwerte pro Portion

377 kcal • 8 g KH • 0,7 BE • 36 g F • 7 g E

Ein Hingucker

Schwarzwaldbecher

Für 8 Portionen • gut vorzubereiten

35 Min.

- 250 g frische Sauerkirschen
- 2 EL Rum oder 1 Glas Rotwein
- 1 Vanilleschote
- 500 g Magerquark
- 80 g Xylit-Zucker
- 125 ml fettarme Milch
- 30 g geraspelte Bitterschokolade

● Die Kirschen waschen, gut abtropfen lassen und entkernen. Dann mit Rum oder Rotwein vermischen und – am besten über Nacht – ziehen lassen.

● Die Vanilleschote aufschlitzen und das Mark herausschaben.

● Quark, Xylit-Zucker und Vanillemark verrühren. Milch zufügen und die Quarkcreme schaumig schlagen.

● Abwechselnd Kirschen, Quarkmasse und geraspelte Schokolade in Dessertgläser oder eine Glasschüssel füllen.

● Vor dem Servieren evtl. noch mit Sahnetupfen dekorieren, in die man je 1 Kirsche setzt.

Tipp Der Schwarzwaldbecher lässt sich auch gut für größere Feiern vorbereiten. Dann die Menge einfach verdoppeln und die Schwarzwaldcreme statt in Gläser in eine große Glasschüssel füllen.

Nährwerte pro Portion

107 kcal • 10 g KH • 0,8 BE • 2 g F • 9 g E

Ein fruchtiges Vergnügen – auch für Gäste

Vanillepudding auf Beeren

Für 8 Portionen • gut vorzubereiten
35 Min. + Kühlzeit

- 400 ml Milch
- 100 g Xylit-Zucker
- 1 Pck. gem. Gelatine
- 1½ Vanilleschoten
- ½ Zitrone
- 5 Eigelbe
- 200 ml Sahne
- 250 g Beerenfrüchte oder Erdbeeren

- Die Milch mit der Hälfte des Xylit-Zuckers kurz aufkochen.

- Die Gelatine nach Packungsanleitung anrühren, quellen lassen und bei schwacher Hitze auflösen. Das Mark aus den Vanilleschoten schaben. Die Zitrone auspressen.

- Den restlichen Xylit-Zucker mit den Eigelben aufschlagen, bis die Masse schön cremig ist.

- Nach und nach die Milch einrühren. Anschließend Vanillemark und Zitronensaft dazugeben.

- Die aufgelöste und leicht abgekühlte Gelatine zügig unter die Masse rühren. Die Sahne steif schlagen und locker unter die Milch-Ei-Masse heben.

- Eine Form mit Frischhaltefolie auslegen – an den Rändern sollte auch noch bis oben hin genug Folie vorhanden sein. Die Masse hineingeben.

- Die Beeren vorsichtig abbrausen und trockentupfen, dann auf dem Pudding verteilen. Mit Folie abdecken und – am besten über Nacht – in den Kühlschrank stellen.

- Ein besonderer Hingucker ist der Vanillepudding, wenn er am nächsten Tag auf eine schöne Platte gestürzt und vor dem Servieren mit ein paar Beeren dekoriert wird.

Nährwerte pro Portion

172 kcal • 9 g KH • 0,8 BE • 12 g F • 5 g E

Ein prickelnd-frisches Sommerdessert

Beeren in Sektlaune

Für 4 Portionen • gelingt leicht

25 Min. + 3–4 Std. Kühlzeit

- ½ Pck. gem. Gelatine
- 100 g gemischte Beeren (TK oder frisch)
- 4 EL Xylit-Zucker
- 200 ml Sekt

● Vier hübsche Gläser kalt stellen. Die Gelatine nach Packungsanleitung einweichen, quellen lassen und erwärmen.

● Die Beeren mit 2 EL Xylit-Zucker süßen und auf die gekühlten Gläser verteilen.

● Den Rest Xylit-Zucker in die aufgelöste Gelatine rühren. Vom Herd nehmen und etwas abkühlen lassen.

● Ein paar EL Sekt zur Gelatine geben und umrühren. Dann die Gelatinemischung vorsichtig in den übrigen Sekt rühren und sofort in die Gläser mit den Beeren füllen.

● In den Kühlschrank stellen und innerhalb von 3–4 Std. fest werden lassen.

Das passt dazu Mit einem kleinen Sahnehäubchen servieren.

Nährwerte pro Portion

74 kcal • 7 g KH • 0,6 BE • 0 g F • 1 g E

Ihre Gäste werden begeistert sein!

Beschwipste Kirschen auf Schokobiskuit

Für 8 Portionen • braucht etwas mehr Zeit

40 Min. + 30 Min. Backzeit + Ziehzeit über Nacht

- Zutaten für 1 Schokoboden (Seite 99)
- 200 g frische Sauerkirschen
- 1 Glas Rotwein
- 100 ml Sahne
- 250 g Magerquark
- 5 EL Erythritol-Puderzucker
- etwas geraspelte Bitterschokolade

- Am Vortag den Schokoboden backen (Seite 99). Die Sauerkirschen entsteinen, in Rotwein einlegen und über Nacht stehen lassen.

- Am nächsten Tag den Schokoboden in eine flache Schale legen.

- Die Sauerkirschen in einem Sieb abtropfen lassen. 1 Handvoll Kirschen abnehmen und pürieren.

- Die Sahne steif schlagen. Magerquark, pürierte Kirschen und Erythritol-Puderzucker gut verrühren.

- Anschließend die Sahne unterheben und ein wenig geraspelte Schokolade dazugeben.

- Nun die übrigen Sauerkirschen auf dem Schokoboden verteilen. Die Creme daraufstreichen. Zum Schluss noch ein wenig geraspelte Schokolade darüberstreuen.

- Das Dessert für 2–3 Std. in den Kühlschrank stellen.

Tipp Deutlich schneller geht es, wenn Sie einen fertig gebackenen Schokoboden aus dem Tiefkühlschrank holen können. Ich backe immer ein paar auf Vorrat – sie lassen sich prima einfrieren.

Nährwerte pro Portion

167 kcal • 9 g KH • 0,8 BE • 11 g F • 9 g E

Ein Feuerwerk der Sinne

Süßes Finale

Für 6 Portionen • anspruchsvoll

40 Min. + 1½ Std. Backzeit + Kühlzeit

- 4 Eiweiß
- 80 g Xylit-Zucker
- 2 EL Vanillepuddingpulver
- 1 Spritzer Zitronensaft
- 1 Vanilleschote
- 100 ml Sahne
- 250 g Magerquark
- 3 EL Erythritol-Puderzucker
- 350 g Fruchtmischung (TK oder frisch)

- Den Ofen auf 150 Grad vorheizen. Ein Blech mit Backpapier auslegen.

- Das Eiweiß steif schlagen. Danach langsam den Xylit-Zucker einrieseln lassen und weiterschlagen, bis die Masse dick, weiß und glänzend ist.

- Puddingpulver und Zitronensaft unterrühren. Der Eischnee sollte jetzt sehr fest und formbar sein.

- Masse in einem Kreis mit 18–20 cm Durchmesser auf das Backpapier geben. Den Rand höher stehen lassen – der Baiserboden wird später befüllt.

- Die Temperatur auf 120 Grad herunterdrehen und das Baiser etwa 1½ Std. backen. Anschließend bei leicht geöffneter Tür im Ofen langsam auskühlen lassen.

- Für die Creme das Mark aus der Vanilleschote schaben. Sahne mit Erythritol-Puderzucker und Vanillemark steif schlagen.

- Den Quark und die steif geschlagene Sahne mischen und kalt stellen. Das Obst säubern oder auftauen und klein schneiden.

- Frühestens 2 Std. vor dem Servieren das Baiser auf eine schöne Platte legen, die Creme in der Mitte verteilen und mit dem Obst belegen.

Nährwerte pro Portion

138 kcal • 12 g KH • 1 BE • 6 g F • 9 g E

EIS UND ANDERE KALTE KÖSTLICHKEITEN

Eiskalter Genuss

Champagner-Laune

Für 6 Portionen • anspruchsvoll

20 Min. + 45 Min. Kühlzeit

3 Eier • ½ Zitrone • 100 g Xylit-Zucker • 200 ml Champagner oder Sekt • Eismaschine

- Eier trennen. Zitrone auspressen.

- Eigelbe, Xylit-Zucker und Zitronensaft über einem heißen Wasserbad aufschlagen, bis die Masse schön cremig und gebunden ist.

- Etwa 10 Min. kalt stellen. In der Zwischenzeit das Eiweiß steif schlagen. Den Champagner zur abgekühlten Eimasse geben und gut unterrühren.

- Die Hälfte des Eischnees unterheben und die Masse in die vorbereitete Eismaschine geben. Nach ½ Std. den Rest des Eischnees unterheben und die Eismaschine noch mal 15 Min. arbeiten lassen.

Nährwerte pro Portion

100 kcal • 7 g KH • 0,6 BE • 3 g F • 4 g E

Es zergeht auf der Zunge

Vanilleeis

Für 8 Portionen • anspruchsvoll

25 Min. + 45 Min. in der Eismaschine

- 300 ml Sojamilch oder Vollmilch
- 300 ml Sahne
- 110 g Xylit-Zucker
- 1½ Vanilleschoten
- 7 Eigelbe
- 1 Eiweiß
- Eiswasser
- Eismaschine

● 200 ml Milch, 200 ml Sahne sowie den Xylit-Zucker in einen Topf füllen.

● Das Mark aus den Vanilleschoten schaben, zusammen mit den Schoten in den Topf geben und unter Rühren aufkochen.

● In der Zwischenzeit die Eigelbe mit der restlichen Milch und Sahne verquirlen. Sobald die Vanillemilch kocht, die Eigelbmischung unter Rühren dazugeben. So lange weitererwärmen (nicht kochen), bis die Masse leicht dicklich wird. Vom Herd nehmen und den Topf in eine Schüssel mit Eiswasser setzen. Dort so lange rühren, bis die Masse abgekühlt ist.

● Die Vanilleschote entfernen, die Eismasse in die vorbereitete Eismaschine umfüllen und die Maschine nach Betriebsanleitung einstellen. (Ich habe eine Philips-Eismaschine und lasse das Eis etwa 45 Min. in der Maschine.)

● Das Eiweiß steif schlagen. Kurz bevor die Eismasse fertig ist, den Eischnee dazugeben und unterrühren lassen. Das macht das Eis besonders cremig, und es lässt sich auch nach Tagen einfach portionieren.

● Nun die Eismasse in einen Behälter umfüllen und im Tiefkühlfach noch 2–3 Std. reifen lassen.

Nährwerte pro Portion

198 kcal • 6 g KH • 0,5 BE • 17 g F • 5 g E

Schmeckt nach Italien, Sommer, Sonne und Meer

Cappuccinoeis

Für 8 Portionen • anspruchsvoll

25 Min. + 45 Min. in der Eismaschine

- 300 ml Sojamilch oder Kuhmilch (fettarm)
- 300 ml Sahne
- 110 g Xylit-Zucker
- 1 Vanilleschote
- 2½ TL Instant-Kaffeepulver
- 6 Eigelbe
- 1 Eiweiß
- Eiswasser
- Eismaschine

● 200 ml Milch, 200 ml Sahne sowie den Xylit-Zucker in einen Topf füllen.

● Die Vanilleschote der Länge nach aufschneiden und das Mark mit einer Messerspitze herauskratzen. Das Mark zusammen mit dem Instant-Kaffeepulver in den Topf geben und unter Rühren aufkochen.

● In der Zwischenzeit die Eigelbe mit der restlichen Milch und Sahne verquirlen. Sobald die Milch kocht, die Eigelbmischung unter Rühren dazugeben. So lange weitererhitzen (nicht kochen), bis die Masse leicht dicklich wird. Vom Herd nehmen und den Topf in eine Schüssel mit Eiswasser setzen. Dort so lange rühren, bis die Masse abgekühlt ist.

● Die Eismasse in die vorbereitete Eismaschine umfüllen und die Maschine nach Betriebsanleitung einstellen. (Ich habe eine Philips-Eismaschine und lasse das Eis etwa 45 Min. in der Maschine.)

● Das Eiweiß steif schlagen. Kurz bevor die Eismasse fertig ist, den Eischnee dazugeben und unterrühren lassen. Das macht das Eis besonders cremig, und es lässt sich auch nach Tagen einfach portionieren.

● Nun die Eismasse in einen Behälter füllen und im Tiefkühlfach noch 2–3 Std. gefrieren lassen.

Nährwerte pro Portion

190 kcal • 6 g KH • 0,5 BE • 16 g F • 5 g E

Super lecker und fruchtig

Waldbeerensorbet

Für 6 Portionen • gut vorzubereiten

20 Min. + 45 Min. in der Eismaschine

- 110 g Xylit-Zucker
- 300 g gemischte Waldbeeren (TK oder frisch)
- 20 ml Zitronensaft
- 1 Eiweiß
- Eismaschine

● Xylit-Zucker und 100 ml Wasser zum Kochen bringen. Beerenmischung dazugeben und etwa 10 Min. sprudelnd kochen lassen. Gelegentlich umrühren.

● Zitronensaft hinzufügen und abkühlen lassen.

● Die Beerenmischung mit einem Pürierstab ganz fein pürieren. Dann durch ein Sieb streichen, um die Kerne zu entfernen.

● Die Eismaschine nach Bedienungsanleitung vorbereiten und die pürierte Beerenmischung in die Eismaschine geben und gefrieren lassen. Die Gefrierdauer kann je nach Maschine unterschiedlich lang sein – ich habe eine Philips-Eismaschine und lasse das Sorbet etwa 45 Min. in der Maschine.

● Das Eiweiß zu Schnee schlagen. Kurz bevor die Eismasse fertig ist, den Eischnee dazugeben und unterrühren. Das macht das Sorbet besonders cremig.

● Jetzt die Eismasse in einen Behälter füllen und im Tiefkühlfach noch ein paar Std. reifen lassen.

Tipp Für meine Sorbets koche ich die Beeren immer erst, das macht das Sorbet besonders aromatisch – und es bekommt eine tolle Farbe. Und das Geheimnis, warum das Sorbet so schön cremig ist? Der Eischnee, der ganz zum Schluss untergehoben wird. Das Beste: Das Sorbet bleibt auch nach Tagen im Gefrierfach schön locker.

Nährwerte pro Portion

57 kcal • 9 g KH • 0,7 BE • 1 g F • 1 g E

Gelingt ganz ohne Eismaschine!

Zitronen-Eis-Mousse

Für ca. 800 ml – ergibt 8 Portionen • anspruchsvoll

45 Min. + 6–12 Std. Kühlzeit

- 4 große Eier
- 100 g Xylit-Zucker
- Abrieb 1 unbehandelten Zitrone
- 100 ml Zitronensaft (Saft von 2 Zitronen)
- 250 ml Sahne

- Eier trennen. Eigelbe, die Hälfte des Xylit-Zuckers, Zitronenabrieb und Zitronensaft in einer Schale vermischen.

- Die Schale in ein heißes Wasserbad stellen und die Mischung schlagen, bis eine gebundene Creme entstanden ist.

- Die Schale abdecken und für ½ Std. in den Kühlschrank stellen, bis die Masse abgekühlt ist.

- Das Eiweiß zu steifem Eischnee schlagen und den restlichen Xylit-Zucker dabei einrieseln lassen.

- Die Sahne cremig aufschlagen, aber nicht steif schlagen.

- Die abgekühlte Creme aus dem Kühlschrank nehmen und vorsichtig unter die cremige Sahne rühren.

- Nun den Eischnee unter die Creme heben. Die Zitronenmousse in einen Behälter füllen und für 6–7 Std. oder über Nacht in das Gefrierfach stellen.

Nährwerte pro Portion

157 kcal • 5 g KH • 0,4 BE • 12 g F • 5 g E

Mit einem Hauch von Minze

Zitronen-Vanille-Sorbet

Für 4 Portionen • geht schnell
20 Min. + 30 Min. Kühlzeit

- 2 Zitronen (bio)
- 1 Vanilleschote
- 120 g Xylit-Zucker
- 6 Blätter frische Minze
- 1 Eiweiß
- Eismaschine

- Die Zitronen schälen und danach auspressen. Den Saft zur Seite stellen. Die Vanilleschote der Länge nach aufschneiden und das Mark herausschaben.

- Zitronenschale, Xylit-Zucker und Vanillemark mit 300 ml Wasser zum Kochen bringen.

- Die Minzblätter klein schneiden und dazugeben. Noch einmal kurz aufkochen und dann abkühlen lassen.

- Nach dem Abkühlen die Zitronenschalen entfernen und den Zitronensaft hinzufügen.

- Das Eiweiß steif schlagen und unterheben. Nun die Zitronenmasse für etwa 30 Min. in die Eismaschine geben.

- Wenn die Masse zu fest wird, die Maschine kurz anhalten und das Sorbet mit dem Schneebesen etwas auflockern.

- Nach Ablauf der vorgegebenen Zeit das Zitronensorbet noch einmal kurz mit dem Schneebesen durchrühren (auflockern), anschließend in eine Kunststoffdose mit Deckel füllen und in das Gefrierfach stellen.

Tipp Sie können das Rezept auch ohne Eismaschine zubereiten. Nehmen Sie dazu das Sorbet während des Gefrierens öfters aus dem Gefrierfach und rühren Sie es mit dem Schneebesen durch.

Nährwerte pro Portion
68 kcal • 10 g KH • 0,8 BE • 0 g F • 1 g E

Etwas Besonderes

Joghurt-Eiskonfekt

Portionsgröße variabel • gelingt leicht

10 Min. + 2–6 Std. Kühlzeit

- 250 g Natur-Sojajoghurt oder Naturjoghurt
- 1½ EL Erythritol-Puderzucker
- 15 g Erdbeermarmelade (Seite 86)

- Eine Form wählen, z. B. eine Silikon-Pralinenform, oder eine flache, mit Frischhaltefolie ausgelegte Kunststoffschale.

- Den Joghurt mit dem Erythritol-Puderzucker gut vermischen.

- In die Silikon-Pralinenform zuerst etwas Marmelade geben und die einzelnen Förmchen dann mit Joghurt auffüllen. Die Form mit Frischhaltefolie abdecken und in das Gefrierfach stellen.

- Wenn Sie eine Kunststoffschale verwenden, so legen Sie diese mit Frischhaltefolie aus und geben dann zuerst den Joghurt hinein – Füllhöhe etwa 1 cm. Anschließend die Joghurtmasse mit Marmelade verzieren. Dann in das Gefrierfach stellen.

Variante Als alternative Geschmacksrichtung bieten sich auch etwas püriertes Beeren-Obst, Schokosplitter oder Kokosraspeln an.

Tipp Bei einer Kunststoffschale sollten Sie das gefrorene Konfekt zum besseren Portionieren erst ein wenig draußen stehen lassen. Bei einer Silikon-Pralinenform können Sie das Konfekt leicht herausdrücken und haben gleich mundgerechte Stücke. Außerdem braucht es nur ca. 2½ Std., bis es gefroren ist.

Nährwerte pro Gesamtportion

134 kcal • 8 g KH • 0,7 BE • 6 g F, 10 g E

Lecker, schnell und einfach gemacht

Mokkaparfait

Für 8 Portionen • gut vorzubereiten
30 Min. + 5–7 Std. Kühlzeit

- 6 Eigelbe
- 120 g Erythritol-Puderzucker
- 2 EL Instant-Kaffee
- 1½ Vanilleschoten
- 500 ml Sahne

- Die Eigelbe mit dem Erythritol-Puderzucker schaumig schlagen.

- Instant-Kaffee in 1–2 EL heißem Wasser auflösen und unterrühren.

- Das Mark aus den Vanilleschoten schaben. Die Sahne mit dem Vanillemark steif schlagen und unter die Eigelbmasse ziehen.

- Eine Kastenkuchenform mit Frischhaltefolie auslegen, die fertige Mokkaparfait-Masse hineinfüllen und mit etwas Folie abdecken.

- In das Gefrierfach stellen und einige Std. gefrieren lassen.

Tipp Warum die Kuchenform mit Frischhaltefolie auslegen? So bekommen Sie das fertige Parfait sehr gut aus der Form und können so viele Scheiben abschneiden, wie Sie brauchen. Den Rest können Sie wieder in die Folie wickeln und einfach in die Form geben, um das Parfait wieder in das Gefrierfach zu stellen.

Nährwerte pro Portion
226 kcal • 2 g KH • 0,2 BE • 22 g F • 4 g E

Bereits ungekühlt ein Gedicht

Eierlikörparfait

Für 6 Portionen • gut vorzubereiten
25 Min. + 6 Std. Kühlzeit

- ½ Vanillestange
- 2 Eier
- 200 ml Sahne
- 2 EL Erythritol-Puderzucker
- 5 EL Eierlikör
- etwas geraspelte Bitterschokolade

- Das Mark aus der Vanilleschote schaben. Die Eier trennen, das Eiweiß steif schlagen. Die Sahne ebenfalls steif schlagen.

- Die Eigelbe mit Erythritol-Puderzucker und Vanillemark cremig aufschlagen. Den Eierlikör nach und nach dazugeben und gut verrühren.

- Nun die steif geschlagene Sahne gut unterrühren und zum Schluss den Eischnee unterheben. Die fertige Masse sollte die Konsistenz einer lockeren Mousse haben.

- Die Parfaitmasse in 6 Förmchen füllen und mindestens 6–8 Std. einfrieren – kleine Förmchen sind schneller fertig, größere brauchen etwas länger.

- Vor dem Servieren die Förmchen kurz in heißes Wasser tauchen, um das Parfait zu lösen. Mit Schokoraspeln garniert servieren.

Das passt dazu Rote Grütze (Seite 97) oder aufgeschnittene frische Erdbeeren

Tipp Einmal angetaut, muss das Parfait gegessen werden. Deshalb immer in Portionen zubereiten. Oder eine Kastenkuchenform mit Frischhaltefolie auslegen und die Masse darin einfrieren. Vor dem Servieren das fertige Parfait herausnehmen und die Folie entfernen – so können Sie es in Scheiben servieren.

Nährwerte pro Portion
155 kcal • 4 g KH • 0,3 BE • 13 g F • 4 g E

MARMELADEN

Mit einem Hauch Vanille

Blaubeermarmelade

Für 4 Gläser à 250 ml • gut vorzubereiten
35 Min.

150 g Xylit-Zucker • 400 g Blaubeeren • ½ Vanilleschote • 1 Spritzer Zitrone • 1 geh. TL Agar-Agar

- Schürze anlegen! Xylit-Zucker mit 200 ml Wasser erhitzen. Beeren dazugeben und sprudelnd aufkochen. Etwas köcheln lassen, dann fein pürieren.

- Das Mark aus der Vanilleschote schaben. Vanillemark, 1 Spritzer Zitrone und Agar-Agar zur Marmelade geben. Umrühren und noch einmal kurz aufkochen.

- Die fertige Marmelade in heiß ausgespülte Gläser füllen und gut verschließen. Nach dem Abkühlen über Nacht in den Kühlschrank stellen. Anschließend können die Gläser in der Speisekammer oder im Keller kühl gelagert werden.

Nährwerte pro 100 g

48 kcal • 14 g KH • 1,1 BE • 0 g F • 0 g E

Für Genießer

Erdbeermarmelade mit Pfiff

Für 4 kleine Gläser à 150 ml • gelingt leicht
40 Min.

- ½ Zitrone (bio)
- 350 g Erdbeeren
- 150 g Heidelbeeren
- 150 g Xylit-Zucker
- 1 geh. TL Agar-Agar

- Eine Schürze anlegen. Die Zitronenschale abraspeln und die ½ Zitrone auspressen.

- Erdbeeren und Heidelbeeren säubern und mit etwa 50 ml Wasser aufkochen.

- Xylit-Zucker, Zitronensaft und geraspelte Zitronenschale dazugeben und sprudelnd aufkochen lassen.

- Vom Herd nehmen und mit einem Pürierstab ein wenig pürieren. Dann den Topf wieder auf den Herd stellen und auf mittlerer Stufe noch einmal aufkochen lassen.

- Dabei das Agar-Agar einrühren und 4–5 Min. köcheln lassen. Gelegentlich umrühren.

- Nun in heiß ausgespülte Gläser füllen, fest verschließen, auskühlen lassen und dann am besten über Nacht in den Kühlschrank stellen.

- Später können die Gläser in der Speisekammer oder im Keller gelagert werden.

Nährwerte pro 100 g
46 kcal • 10 g KH • 0,8 BE • 0 g F • 1 g E

Etwas Besonderes

Brombeer-Sekt-Gelee

Für 5 Gläser à 200 ml • anspruchsvoll

35 Min.

- 900 g Brombeeren
- 125 ml Sekt
- 350 g Xylit-Zucker
- 2 TL Agar-Agar

- Schürze anlegen! Die frischen Brombeeren waschen und abtropfen lassen.

- Die Früchte in einen hohen Topf geben, 20–50 ml Wasser zugeben und aufkochen lassen.

- Nun die Früchte mit dem Pürierstab gründlich zerkleinern. Das Beerenmus durch ein Sieb streichen, damit die Kerne entfernt werden.

- Jetzt den Sekt dazugeben und alles noch einmal aufkochen lassen.

- Xylit-Zucker und Agar-Agar gut unterrühren und 5–8 Min. köcheln lassen.

- Das Gelee noch heiß in Gläser füllen und fest verschließen.

- Abkühlen lassen und dann über Nacht in den Kühlschrank stellen.

- Danach können die Gläser in der Speisekammer oder im Keller kühl gelagert werden.

Variante Wer es nicht ganz so süß mag, nimmt etwas weniger Xylit-Zucker.

Nährwerte pro 100 g

99 kcal • 14 g KH • 1,2 BE • 0 g F • 1 g E

Ein toller Start in den Tag

Himbeergelee in Weißwein

Für 4 Gläser à 250 ml • braucht etwas mehr Zeit

45 Min.

- 400 g Himbeeren
- 250 ml Weißwein
- 180 g Xylit-Zucker
- 1½ geh. TL Agar-Agar

- Schürze anlegen! Die Himbeeren verlesen und – wenn nötig – kurz abbrausen.

- In einem Topf mit 100 ml Wasser aufkochen.

- Die Beeren pürieren und durch ein Sieb streichen. Den Saft auffangen.

- Himbeersaft, Wein und Xylit-Zucker in einem Topf geben und sprudelnd aufkochen lassen. Dabei immer wieder mal rühren.

- Zum Schluss das Agar-Agar dazugeben und 3–4 Min. unter ständigem Rühren köcheln lassen.

- Das Gelee zügig in heiß ausgespülte Gläser füllen und diese sofort fest verschließen.

- Abkühlen lassen und dann über Nacht in den Kühlschrank stellen.

- Danach können die Gläser in der Speisekammer oder im Keller kühl gelagert werden.

Nährwerte pro 100 g

73 kcal • 10 g KH • 0,8 BE • 0 g F • 1 g E

MADE WITH LOVE

Es darf auch ein wenig mehr sein

Waldfruchtmarmelade

Für 4 Gläser à 250 g • geht schnell
35 Min.

- 150 g Xylit-Zucker
- 300 g gemischte Beerenfrüchte (frisch oder TK)
- ½ Vanilleschote (Mark)
- 1 Spritzer Zitronensaft
- 1 geh. TL Agar-Agar

● Schürze anlegen! Das Mark aus der Vanilleschote schaben. Xylit-Zucker mit 200 ml Wasser erhitzen.

● Die Beeren dazugeben, sprudelnd aufkochen und danach etwas köcheln lassen. Anschließend fein pürieren.

● Die pürierte Masse durch ein feines Sieb geben, damit die Kerne entfernt werden.

● Die Fruchtmasse wieder in einen Topf geben, zusammen mit Vanillemark, etwas Zitronensaft und Agar-Agar.

● Mit einem Schneebesen oder Kochlöffel verrühren und noch einmal kurz aufkochen.

● Nun die Gläser befüllen, fest verschließen, abkühlen lassen und dann über Nacht in den Kühlschrank stellen.

● Anschließend können die Gläser in der Speisekammer oder im Keller gelagert werden.

Nährwerte pro 100 g
47 kcal • 8 g KH • 0,7 BE • 1 g F • 0 g E

Fruchtig und frisch

Sauerkirschmarmelade

Für 7 kleine Gläser • gelingt leicht

30 Min.

- 1 kg Sauerkirschen
- 1 Vanilleschote
- 2 TL Agar-Agar
- 350 g Xylit-Zucker

● Schürze anlegen! Die Kirschen entsteinen. Das Mark aus der Vanilleschote schaben.

● In einen großen Topf etwas Wasser (Boden sollte leicht bedeckt sein) füllen, dann die Kirschen dazugeben und aufkochen. Mit einem Pürierstab zerkleinern.

● Vanillemark, Agar-Agar und nach und nach den Xylit-Zucker dazugeben und immer wieder rühren – am besten mit einem Schneebesen. Noch einmal kurz aufkochen lassen.

● Die fertige Marmelade zügig in heiß ausgespülte Gläser füllen und gut verschließen.

● Erkalten lassen und dann über Nacht in den Kühlschrank stellen, damit die Kirschmarmelade schön fest wird.

● Danach kann man die Marmelade im Keller oder in der Speisekammer lagern.

Variante Wer es nicht ganz so süß mag, nimmt etwas weniger Xylit-Zucker.

Nährwerte pro 100g

101 kcal • 19 g KH • 1,6 BE • 0 g F • 1 g E

So kann der Tag beginnen.

Erdbeermarmelade

Für 7 kleine Gläser • braucht etwas mehr Zeit

50 Min.

- ½ Zitrone (bio)
- 1 kg frische Erdbeeren
- 300 g Xylit-Zucker
- 2 TL Agar-Agar

● Die Zitrone heiß abspülen, abtrocknen, auspressen und die Schale fein abraspeln.

● Sieben Marmeladengläser heiß ausspülen und bereitstellen. Die Erdbeeren waschen, putzen und klein schneiden.

● ½ kleine Tasse Wasser in einen großen Topf füllen, die klein geschnittenen Erdbeeren dazugeben und aufkochen. Regelmäßig umrühren.

● Nach etwa 20 Min. gut pürieren bzw. für eine Marmelade mit Fruchtstücken nur kurz anpürieren.

● Auf kleiner Hitze weiter köcheln lassen, dabei den Xylit-Zucker einstreuen und mit einem Schneebesen immer kräftig rühren. Dabei die Zitronenschale und den Saft hinzufügen.

● Den Herd ausstellen. Das Agar-Agar dazugeben und dabei weiter kräftig rühren. Den Topf auf der noch heißen Herdplatte etwa 10 Min. stehen lassen. Danach noch einmal umrühren, die Marmelade in die bereitgestellten Gläser füllen und diese fest verschließen.

● Erkalten lassen und dann über Nacht in den Kühlschrank stellen. Danach kann die Marmelade im Keller oder in der Speisekammer gelagert werden.

Nährwerte pro 100 g

34 kcal • 11 g KH • 0,9 BE • 0 g F • 1 g E

Erd-
beere

CRÊPES UND WAFFELN

Zum Verwöhnen

Erdbeer-Stracciatella-Creme für Crêpes

Für 6 Portionen • geht schnell
10 Min.

200 g Erdbeeren (frisch oder TK) • 250 g Magerquark • 3 TL Erythritol-Puderzucker • etwas geraspelte Bitterschokolade

- Die Erdbeeren waschen, putzen und klein schneiden.

- Magerquark und kleingeschnittene Erdbeeren zu einer geschmeidigen Creme verrühren. Dabei den Erythritol-Puderzucker einsieben.

- Die geraspelte Bitterschokolade dazugeben und alles noch einmal gut miteinander verrühren. Kalt stellen.

Das passt dazu Mini-Crêpes oder Mini-Mandel-Crêpes (Seite 90)

Nährwerte pro Portion
44 kcal • 4 g KH • 0,3 BE • 1 g F • 5 g E

Aus der Pfanne

Mini-Crêpes

Für 3 Crêpes • geht schnell
15 Min. + 15 Min. Ruhezeit

- 1 Ei
- 1 Prise Salz
- 10–15 g Butter
- 15 g Sojamehl
- 30 ml fettarme Milch
- etwas Butter zum Ausbacken

● Das Ei mit 1 Prise Salz schaumig aufschlagen. Dabei 2–3 EL lauwarmes Wasser dazugeben, 3–4 Min. weiterschlagen.

● Die Butter schmelzen und dazugeben. Das Sojamehl durch ein Sieb in die Masse geben.

● Jetzt die Milch unter Rühren hinzufügen und alle Zutaten gut miteinander vermischen.

● Den Teig etwa 15 Min. ruhen lassen.

● In einer beschichteten Pfanne etwas Butter schmelzen. Pro Crêpe 2 EL Teig in die Mitte der Pfanne geben, kreisförmig von innen nach außen verstreichen und auf mittlerer Hitze kleine Crêpes ausbacken.

Variante Für Mini-Mandel-Crêpes ersetzen Sie das Sojamehl durch 30 g gemahlene Mandeln und fügen noch ½ TL Johannisbrotkernmehl hinzu. Nehmen Sie außerdem 1 großes Ei statt eines normalen!

Nährwerte pro Portion
95 kcal • 1 g KH • 0,1 BE • 8 g F • 6 g E

Da bleibt keiner übrig.

Kleine Pfannkuchen

Für 3 Stück • geht schnell
15 Min.

- 2 EL Haferflocken
- 2 große Eier
- 1 Prise Salz
- 100 ml fettarme Milch
- 2 EL Sojamehl
- 1 TL Backpulver
- Öl zum Ausbacken

- Die Haferflocken mit einem elektrischen Zerkleinerer fein mahlen.

- 1 Ei trennen, das Eiweiß mit 1 Prise Salz steif schlagen und zur Seite stellen.

- Dann das Eigelb und das ganze Ei kräftig mit der Milch verquirlen, bis die Masse hell und cremig ist.

- Sojamehl, fein gemahlene Haferflocken und Backpulver zur Ei-Milch-Masse geben und alles gut miteinander verrühren.

- Zum Schluss den Eischnee vorsichtig unter den Teig heben.

- Eine Pfanne aufheizen, etwas Öl hineingeben und die Pfannkuchen nacheinander ausbacken.

Das passt dazu Etwas auskühlen lassen und dann mit einer beliebigen Creme – z. B. Himbeercreme (Seite 23) oder Mangotraum (Seite 21) servieren. Oder einfach nur ein wenig Apfelmus dazu reichen.

Nährwerte für 1 Pfannkuchen
148 kcal • 6 g KH • 0,5 BE • 10 g F • 8 g E

... auf Quarkwaffeln

Waldfrucht-Joghurt-Traum

Für 6 Portionen • anspruchsvoll

40 Min.

- 250 g TK-Waldfrüchte
- 1½ Pck. gem. Gelatine
- 1½ Vanilleschoten
- 100 ml Sahne
- 500 g Sojajoghurt
- 5 EL Erythritol
- 2 große Eier
- 1 Prise Salz
- 1 EL weiche Butter
- 1 EL Xylit-Zucker
- 2 EL Magerquark
- 1 EL Sojamehl
- 1 TL Johannisbrotkernmehl
- 100 ml Sojamilch
- etwas selbst gemachte Blaubeermarmelade

● Die Waldfrüchte auftauen und gut abtropfen lassen. Die Gelatine nach Packungsanleitung auflösen. Das Mark aus den Vanilleschoten schaben.

● Die Sahne fast steif schlagen. Sahne, Sojajoghurt, Erythritol-Puderzucker und zwei Drittel des Vanillemarks verrühren.

● Ein paar EL Joghurtcreme in die aufgelöste Gelatine einrühren. Dann die Gelatinemischung unter die übrige Joghurtmasse ziehen. Die Waldfrüchte unterheben und die Creme kühl stellen.

● Für die Waffeln die Eier trennen. Eiweiß mit etwas Salz sehr steif schlagen. Eigelb und weiche Butter mit Xylit-Zucker verquirlen, bis die Masse schön cremig ist. Quark unterrühren.

● Sojamehl, Johannisbrotkernmehl, Sojamilch und das übrige Vanillemark zugeben und zu einem Teig vermengen. Den Eischnee vorsichtig unterheben.

● Das Waffeleisen einfetten und erhitzen. Den Teig portionsweise ausbacken. Pro Portion ½ Waffel mit einem Klecks Marmelade und 2 EL Creme anrichten. Mit Erythritol-Puderzucker bestäuben und sofort servieren.

Nährwerte pro Portion

198 kcal • 9 g KH • 0,7 BE • 13 g F • 11 g E

Ein Hochgenuss

Beeren im Schlafrock

Für 4 große Portionen • braucht etwas mehr Zeit
35 Min.

- 150 g Sahne
- 3 EL Erythritol-Puderzucker
- 150 g Erdbeeren, Himbeeren oder Brombeeren
- 250 g Magerquark
- 30 g Haferflocken
- 30 g Kokosraspel
- 2 Eier
- 1 Prise Salz
- 1 EL Sojamehl
- 50 ml Sojamilch oder fettarme Kuhmilch
- 1 TL Backpulver

● Für die Cremefüllung Sahne mit Erythritol-Puderzucker steif schlagen.

● Größere Beeren in kleine Stücke schneiden.

● Die Sahne unter den Magerquark rühren und zum Schluss die Beeren dazugeben. Die Creme kalt stellen.

● Für die Pfannkuchen Haferflocken und Kokosraspel sehr fein mahlen, am besten mit einem Multizerkleinerer.

● Eier mit etwas Salz schaumig schlagen. Haferflocken und Kokosraspel dazugeben und gut verrühren.

● Nun Sojamehl, Milch und Backpulver dazugeben und auf höchster Stufe mit dem Mixer gut verquirlen.

● Den Teig portionsweise in eine beschichtete heiße Pfanne geben, etwas verteilen, damit die Pfannkuchen nicht zu dick werden, und ausbacken.

● Pfannkuchen auf Zimmertemperatur abkühlen lassen. Auf einen Teller legen, einen Teil der Creme auf die eine Hälfte verteilen, die andere Hälfte darüberklappen und mit etwas Erythritol-Puderzucker bestäuben.

Nährwerte pro Portion
296 kcal • 13 g KH • 1,1 BE • 20 g F • 15 g E

Fruchtig

Orangencreme für Crêpes

Für 6 Portionen • geht schnell

15 Min.

- 2 mittelgroße Orangen (bio)
- 100 ml Sahne
- 250 g Magerquark
- 3 TL Erythritol-Puderzucker
- ein paar Tropfen Orangen-Back-Aroma oder Orangenabrieb von den unbehandelten Orangen

Die Orangen filetieren: Die Schale so abschneiden, dass die feine weiße Haut mit entfernt wird. Anschließend das Fruchtfleisch vorsichtig zwischen den Trennhäuten herausschneiden.

Das Fruchtfleisch klein schneiden. Die Sahne steif schlagen.

Orangenfruchtfleisch und Sahne mit Quark, Erythritol-Puderzucker und Orangenaroma vermischen und kalt stellen.

Tipp Crêpes oder Mini-Mandel-Crêpes (Seite 90) backen und leicht abkühlen lassen. Die Orangencreme nicht zu dick auf den Crêpes verteilen. Dann die Crêpes aufrollen und mit etwas Erythritol-Puderzucker bestreuen. Man kann die Crêpes auch noch mit etwas Orangenlikör verfeinern.

Nährwerte pro Portion

95 kcal • 6 g KH • 0,5 BE • 5 g F • 6 g E

EIN PAAR GRUNDREZEPTE

Ein fruchtiges Erlebnis

Rote Grütze

Für 8 Portionen • gelingt leicht
15 Min.

1 Vanilleschote • 500 g gemischte Beerenfrüchte (frisch oder TK) • 120 g Xylit-Zucker • 1 TL Agar-Agar

- Das Mark aus der Vanilleschote schaben. Die Beeren mit einer kleinen Tasse Wasser aufkochen. Xylit-Zucker und Vanillemark dazugeben.
- 3–4 Min. sprudelnd kochen lassen und dabei mehrmals umrühren. Dann Agar-Agar zugeben und noch mal 3–4 Min. unter Rühren köcheln lassen.
- Warm oder kalt servieren.

Das passt dazu Vanilleeis (Seite 68) oder Vanillesoße (Seite 98)

Variante Wer kein Agar-Agar hat, kann auch ein Päckchen Gelatine verwenden.

Nährwerte pro Portion
56 kcal • 9 g KH • 0,8 BE • 1 g F • 1 g E

Einfach lecker

Vanillesoße

Für 6 Portionen • anspruchsvoll

25 Min.

1 Vanilleschote • 400 ml Sojamilch oder fettarme Kuhmilch • 60 g Xylit-Zucker • 3 Eigelbe

- Die Vanilleschote ausschaben. 300 ml Milch mit Xylit-Zucker, Vanillemark und Vanilleschote aufkochen.

- Die Eigelbe mit der übrigen Milch gut verrühren. Wenn die Vanillemilch kocht, den Topf vom Herd nehmen und die Eigelbmilch hineinrühren.

- Den Topf auf die noch heiße Herdplatte zurückstellen und unter ständigem Rühren die Soße leicht eindicken lassen. Dabei nicht noch einmal kochen lassen, sonst gerinnt sie. Die Vanilleschote herausnehmen und die Soße servieren.

Das passt dazu Rote Grütze (Seite 97)

Nährwerte pro Portion

71 kcal • 5 g KH • 0,4 BE • 4 g F • 3 g E

Für Marions Erdbeer-Tiramisu

Heller Boden

Für 1 Springform (∅ 20–24 cm) oder 1 kleines Blech (bis 38 × 28 cm) – ergibt etwa 8 Portionen • gut vorzubereiten

15 Min. + 30 Min. Backzeit

3 große Eier • 100 g Xylit-Zucker • 4 EL Sojamehl • 1 TL Johannisbrotkernmehl • ½ Pck. Backpulver

- Den Backofen auf 170 Grad vorheizen. 2 Eier trennen. Die Eigelbe, das ganze Ei und den Xylit-Zucker schaumig schlagen, bis die Masse hell und cremig ist.

- Sojamehl, Johannisbrotkernmehl und Backpulver durch ein Sieb in die Teigmasse geben und unterrühren.

- Das Eiweiß steif schlagen und mit einem Spatel darunterheben.

- Eine Form fetten, den Teig hineingeben und 30–35 Min. backen. Stäbchenprobe.

Nährwerte pro Portion

61 kcal • 3 g KH • 0,3 BE • 3 g F • 4 g E

Für Tiramisu und beschwipste Kirschen – aber auch ohne Belag lecker

Schokoboden

Für 1 Springform (∅ 20–24 cm) oder 1 kleines Blech (bis 38 × 28 cm) – ergibt etwa 8 Portionen • gut vorzubereiten

20 Min. + 30 Min. Backzeit

- 25 g Bitterschokolade
- 1 EL Sahne
- 3 große Eier
- 110 g Xylit-Zucker
- 1 EL weiche Butter
- 3 EL Sojamehl
- ½ TL Johannisbrotkernmehl
- 1 TL Natron oder ½ Pck. Backpulver

- Die Schokolade mit der Sahne im Wasserbad schmelzen.

- 2 Eier trennen, das Eiweiß steif schlagen und beiseitestellen. Den Backofen auf 170 Grad vorheizen.

- Die Eigelbe, das ganze Ei, den Xylit-Zucker und die Butter mit dem Mixer auf höchster Stufe verrühren, bis die Masse hell und cremig ist.

- Danach Sojamehl, Johannisbrotkernmehl und das Natron durch ein Sieb in die Teigmasse geben und mit dem Mixer unterrühren.

- Die flüssige Schokolade in die Teigmasse rühren und den Eischnee mit einem Spatel darunterheben.

- Eine Form fetten oder mit Backpapier auslegen und den Teig hineingeben. Im vorgeheizten Backofen 30–35 Min. backen. Stäbchenprobe.

Tipp Wenn Sie diesen Schokobiskuit auch so sehr lieben wie ich, dann backen Sie doch gleich die doppelte oder vierfache Menge – dann können Sie einen oder mehrere Böden einfrieren und haben immer etwas für ein leckeres Dessert in petto!

Nährwerte pro Portion

81 kcal • 5 g KH • 0,4 BE • 6 g F • 4 g E

Bibliografische Information der Deutschen Nationalbibliothek
Die Deutsche Nationalbibliothek verzeichnet diese Publikation in der Deutschen Nationalbibliografie; detaillierte bibliografische Daten sind im Internet über http://dnb.d-nb.de abrufbar.

Programmplanung: Uta Spieldiener
Redaktion: Dr. Thamar Triebel
Bildredaktion: Christoph Frick

Umschlaggestaltung und Layout:
CYCLUS Visuelle Kommunikation, Stuttgart

Bildnachweis:
Umschlagfoto vorn: Stockfood/fotolia
Fotos im Innenteil & Foodstyling: Catrin Goebels, Stuttgart

1. Auflage

Printed in Germany

Satz und Repro: Fotosatz Buck, Kumhausen
Gesetzt in Adobe InDesign CS6
Druck: AZ Druck und Datentechnik GmbH, Kempten

Gedruckt auf chlorfrei gebleichtem Papier

ISBN 978-3-432-10033-3

Auch erhältlich als E-Book:
eISBN (PDF) 978-3-432-10032-6
eISBN (ePub) 978-3-432-10031-9

1 2 3 4 5 6

Wichtiger Hinweis: Wie jede Wissenschaft ist die Medizin ständigen Entwicklungen unterworfen. Forschung und klinische Erfahrung erweitern unsere Erkenntnisse. Ganz besonders gilt das für die Behandlung und die medikamentöse Therapie. Bei allen in diesem Werk erwähnten Dosierungen oder Applikationen, bei Rezepten und Übungsanleitungen, bei Empfehlungen und Tipps dürfen Sie darauf vertrauen: Autoren, Herausgeber und Verlag haben große Sorgfalt darauf verwandt, dass diese Angaben dem Wissensstand bei Fertigstellung des Werkes entsprechen. Rezepte werden gekocht und ausprobiert. Übungen und Übungsreihen haben sich in der Praxis erfolgreich bewährt.

Eine Garantie kann jedoch nicht übernommen werden. Eine Haftung des Autors, des Verlags oder seiner Beauftragten für Personen-, Sach- oder Vermögensschäden ist ausgeschlossen.

Geschützte Warennamen (Warenzeichen®) werden nicht besonders kenntlich gemacht. Aus dem Fehlen eines solchen Hinweises kann also nicht geschlossen werden, dass es sich um einen freien Warennamen handelt.